NSCA®
NATIONAL STRENGTH AND
CONDITIONING ASSOCIATION

美国国家体能协会
抗阻训练动作
技术手册

·第4版·

[美] **美国国家体能协会** 主编　**王雄** 译
（National Strength and Conditioning Association）

人民邮电出版社
北　京

图书在版编目（ＣＩＰ）数据

美国国家体能协会抗阻训练动作技术手册：第4版 /
美国国家体能协会主编；王雄译. -- 北京：人民邮电
出版社，2023.6
　　ISBN 978-7-115-60162-9

　　Ⅰ．①美… Ⅱ．①美… ②王… Ⅲ．①体能－身体训
练－美国－手册 Ⅳ．①G808.14-62

中国版本图书馆CIP数据核字(2022)第189180号

版权声明

免责声明

作者和出版商都已尽可能确保本书技术上的准确性以及合理性，并特别声明，不会承担由于使用本出版物
中的材料而遭受的任何损伤所直接或间接产生的与个人或团体相关的一切责任、损失或风险。

内 容 提 要

　　本书介绍了 80 种自由重量练习和 20 种器械练习，包括全身训练、下半身训练、上半身训练、核心训练及
变式训练和非传统器械训练。本书对每种练习的类型、动作机制、受到训练的肌肉群或身体部位、合理的动作
技术等，都进行了详细的描述。

　　本书适合准备参加 NSCA 系列认证考试的人士阅读；同时，也为体能教练、健身教练和健身爱好者更好地
理解抗阻训练动作提供了实用资源。

◆ 　主　　编　美国国家体能协会
　　　　　　　（National Strength and Conditioning Association）
　　译　　　　王　雄
　　责任编辑　刘日红
　　责任印制　马振武
◆ 人民邮电出版社出版发行　　北京市丰台区成寿寺路 11 号
　　邮编　100164　　电子邮件　315@ptpress.com.cn
　　网址　https://www.ptpress.com.cn
　　雅迪云印（天津）科技有限公司印刷
◆ 开本：700×1000　1/16
　　印张：17.5　　　　　　　　2023 年 6 月第 1 版
　　字数：369 千字　　　　　　2023 年 6 月天津第 1 次印刷
　　著作权合同登记号　图字：01-2022-1358 号

定价：158.00 元

读者服务热线：(010)81055296　印装质量热线：(010)81055316
反盗版热线：(010)81055315
广告经营许可证：京东市监广登字 20170147 号

目　录

译者序　　　　　　　　　　　　　　　　　　　　　　　　vii

序　　　　　　　　　　　　　　　　　　　　　　　　　　ix

前言　　　　　　　　　　　　　　　　　　　　　　　　　xi

第1部分　全身训练动作——力量和爆发力练习

1.1　高抓　　　　　　　　　　　　　　　　　　　　　　4

1.2　高抓（从举重垫块上）　　　　　　　　　　　　　　8

1.3　悬垂式高抓　　　　　　　　　　　　　　　　　　　10

1.4　单臂哑铃抓举　　　　　　　　　　　　　　　　　　14

1.5　直腿抓举（实力抓举）　　　　　　　　　　　　　　17

1.6　高翻　　　　　　　　　　　　　　　　　　　　　　21

1.7　悬垂式高翻　　　　　　　　　　　　　　　　　　　25

1.8　哑铃悬垂式高翻　　　　　　　　　　　　　　　　　28

1.9　借力推举　　　　　　　　　　　　　　　　　　　　31

1.10　哑铃悬垂式高翻至推举　　　　　　　　　　　　　34

1.11　借力挺举　　　　　　　　　　　　　　　　　　　36

1.12　箭步挺举　　　　　　　　　　　　　　　　　　　39

第2部分　下半身训练动作

髋部和大腿（多关节）练习　　　　　　　　　　　　　45

2.1　前蹲（颈前深蹲）　　　　　　　　　　　　　　　　47

2.2　后蹲（颈后深蹲）　　　　　　　　　　　　　　　　51

2.3　罗马尼亚硬拉（RDL）　　　　　　　　　　　　　　55

2.4　硬拉　　　　　　　　　　　　　　　　　　　　　　57

2.5　上斜蹬腿（训练机）　　　　　　　　　　　　　　　59

2.6　坐姿蹬腿（训练机）　　　　　　　　　　　　　　　61

2.7　登阶练习　　　　　　　　　　　　　　　　　　　　63

2.8　前跨步弓步　　　　　　　　　　　　　　　　　　　67

2.9　反向腿弯举　　　　　　　　　　　　　　　　　　　71

2.10　杠铃臀冲　　　　　　　　　　　　　　　　　　　73

2.11　单腿哑铃臀冲　　　　　　　　　　　　　　　　　74

2.12 单腿（手枪式）深蹲 76

髋部和大腿（单关节）练习 77

2.13 北欧式腘绳肌弯举 78
2.14 直腿硬拉 80
2.15 杠铃早安式 82
2.16 腿（膝）伸展（训练机） 84
2.17 坐姿腿（膝）弯举（训练机） 86
2.18 俯卧腿（膝）弯举（训练机） 88

小腿（单关节）练习 89

2.19 坐姿提踵（训练机） 90
2.20 站姿提踵（训练机） 92

第3部分　上半身训练动作

胸部（多关节）练习 97

3.1 水平杠铃卧推 98
3.2 上斜杠铃卧推 101
3.3 下斜杠铃卧推 104
3.4 水平哑铃卧推 106
3.5 上斜哑铃卧推 109
3.6 下斜哑铃卧推 112
3.7 立式胸推（训练机） 115

胸部（单关节）练习 117

3.8 坐姿夹胸（训练机） 118
3.9 水平哑铃飞鸟 120
3.10 上斜哑铃飞鸟 123
3.11 下斜哑铃飞鸟 126
3.12 拉绳交叉夹胸（训练机） 129

背部（多关节）练习 131

3.13 背阔肌下拉（训练机） 132
3.14 俯身划船 134
3.15 单臂哑铃划船 136
3.16 低位滑轮坐姿划船（训练机） 138
3.17 坐姿划船（训练机） 140
3.18 绳索面拉（训练机） 142

背部（单关节）练习 **145**

3.19 杠铃过顶拉举 146
3.20 哑铃过顶拉举 148
3.21 直臂背阔肌下拉（训练机） 150

肩部（多关节）练习 **153**

3.22 肩上推举（训练机） 154
3.23 坐姿杠铃肩上推举 156
3.24 坐姿哑铃肩上推举 159
3.25 站姿划船 162

肩部（单关节）练习 **165**

3.26 侧平举 166
3.27 俯身侧平举 168
3.28 肩部前平举 170
3.29 俯卧T字、Y字和I字伸展 172

肱二头肌（单关节）练习 **175**

3.30 杠铃肱二头肌弯举 176
3.31 EZ曲杆肱二头肌弯举 178
3.32 锤式弯举 180
3.33 哑铃交替弯举 182

肱三头肌（单关节）练习 **185**

3.34 仰卧杠铃肱三头肌伸展 186
3.35 肱三头肌下压（训练机） 189
3.36 肱三头肌过顶伸展 191

前臂（单关节）练习 **193**

3.37 腕弯举 194
3.38 腕伸展 196
3.39 屈臂反向弯举 198

第4部分　核心训练动作

4.1 标准卷腹 204
4.2 抬腿卷腹 206
4.3 前平板支撑（俯桥） 208
4.4 侧平板支撑（侧桥） 209
4.5 稳定球屈体 210
4.6 稳定球卷体 212

4.7　器械卷腹（训练机）　214
4.8　稳定球卷腹　216
4.9　稳定球反向背部伸展　218
4.10　稳定球前滚　220
4.11　罗马椅背部伸展　221
4.12　侧向阻力胸前推（训练机）　222
4.13　阻力绳伐木式（训练机）　224
4.14　俄罗斯转体　226

第5部分　变式训练和非传统器械训练

5.1　双臂壶铃甩摆　232
5.2　保加利亚深蹲　234
5.3　单腿壶铃罗马尼亚硬拉　236
5.4　土耳其起立　238
5.5　单臂壶铃高翻　241
5.6　单臂壶铃推举　244
5.7　壶铃前蹲　246
5.8　稳定球桥式后拉　248
5.9　哑铃俯撑划船　250
5.10　T形杠肩上推举　252
5.11　T形杠划船　254
5.12　推雪橇　257
5.13　药球下砸　258

NSCA简介　261
译者简介　263

资源与支持

配套服务
扫描右侧二维码添加企业微信：
1. 即刻领取本书延伸资源。
2. 加入体育爱好者交流群。
3. 不定期获取更多图书、课程、讲座等知识服务产品信息，以及参与直播互动、在线答疑和与专业导师直接对话的机会。

序

　　NSCA 为所有准备参加 NSCA 系列认证考试的人士专门撰写了本书。考生通过阅读本书，可以深入了解与解剖学、生物力学、训练计划安排设计和练习技术相关的内容。

　　本书也是体能训练专业人士、健康和健身教练及私人教练在工作中指导他人使用抗阻训练动作的优质资源。对于高校老师和学生来说，本书是对动作实践教学的补充，有助于老师在不需要使用力量房的情况下来教授训练动作技术。

　　本书介绍了 80 种自由重量练习和 20 种器械练习，动作技术清单确定了所涉及的主要肌肉群，以及每个动作技术的正确发力、姿势、身体位置和动作幅度范围。此外，本书还提供了关节动作的描述、建议和避免受伤的提示。

　　本书虽然是由相关专家编写的，但如果没有经过认证的专业人员的监督，不建议任何人自行尝试动作技术训练。另外，建议任何考虑参加训练计划的人在开始训练前咨询您的医生。

译 者 序

　　所有体育运动都是由不同的动作构成的，动作是身体训练中最基本的单元。本书是美国国家体能协会（National Strength and Conditioning Association，NSCA）组织编写的一本关于抗阻训练的动作技术手册，从1997年首版发行到2022年第4版面世已经有25年了。同时，本书也是NSCA系列认证考试（包括CPT®、CSCS®、TSAC-F®等）实践考核部分的官方指定参考教材。

　　本书精选了100个经典抗阻训练动作，包含了奥林匹克举、力量举、自由重量、徒手和大器械练习等多个种类，涉及全身几乎所有部位和肌肉。部分读者可能会发现，书中部分动作与NSCA的《NSCA-CSCS美国国家体能协会体能教练认证指南》和《美国国家体能协会力量训练指南》中的内容是相同的，而不同的是，本书的动作更为全面，关于动作的细节描写也更加详尽细致。

　　动作对于训练而言，好比是做饭时的食材或打仗时的弹药，是不可或缺的原料。这100个动作看似简单，但无论是对于刚入门的探索者还是经常运动的健身达人，甚至是体能教练或者专业运动员，要将其变为自己"工具库"里的拿手工具，则是需要潜心投入和时间累积的。也许你的身体基础和天赋都很好，通过一小时的学习就能完成高质量的高翻，但后面也许至少需要练习1000次以上，才会发现动作的瑕疵，才能塑造属于自己的深层动作感知和肌肉记忆。正所谓"操千曲而后晓声，观千剑而后识器"，训练也是如此。

　　俗话说，专家将复杂的事情简单做，行家将简单的事情反复做。训练离不开实践和亲身体验，假如设定一个完成计划，不追求极致负荷，把书中每个动作正确地练习1000次，相信任何一位初级锻炼者都会成长为一位健身达人，同时拥有自己的动作心得感悟；对于一个专业人士来说，这样做之后也一定会成为真正有实践心得的资深教练或经验专家，将对其身体和职业大有裨益。

　　训练之道，在于初学而法正，循序而渐进，勤练而精思，可止于至善。愿所有读者都可以永远保持谦卑，持续训练，并从中获益！

前　言

本书介绍了 80 种自由重量练习和 20 种器械练习，这些练习可分为以下几类。

- 全身训练动作——力量和爆发力练习
- 下半身训练动作
  - 髋部和大腿（多关节和单关节）练习
  - 小腿（单关节）练习
- 上半身训练动作
  - 胸部（多关节和单关节）练习
  - 背部（多关节和单关节）练习
  - 肩部（多关节和单关节）练习
  - 肱二头肌（单关节）练习
  - 肱三头肌（单关节）练习
  - 前臂（单关节）练习
- 核心训练动作
- 变式训练和非传统器械训练

多关节练习在重复练习过程中涉及两个或多个关节改变角度（如高翻练习过程中会涉及髋关节、膝关节和踝关节）。单关节练习允许在重复练习过程中只有一个关节在运动（如肱二头肌弯举练习中的肘关节）。本书将肩带关节与我们常说的肩关节（盂肱关节）相结合，视为一个关节。例如，侧平举练习除了涉及盂肱关节外，还明显涉及其他几个肩带关节，但其在本书中被归类为单关节练习。此外，本书只列明了练习所涉及的主要肌肉。尽管其他许多肌肉可能在练习中会起到辅助作用，或者起到辅助稳定的作用，但本书的肌肉图表并未将其列入。

本书对于每种练习的描述都包含以下内容。

- 练习的类型
- 动作机制说明
- 受到训练的肌肉群或身体部位
- 主要用到的和涉及的肌肉
- 按执行顺序排列合理的动作技术指导
- 动作练习若需要协助者，此处显示有符号

协助者保护指南

在某些情况下，完成练习时需要有一名协助者在场。满足此要求的练习是

根据杠铃或哑铃与运动员身体的位置来分类的。协助者通过观察涉及头部上方或面部上方的练习来保护运动员，防止杠铃或哑铃落在运动员的头部、颈部、面部或躯干上，并在需要时帮助运动员卸下杠铃或哑铃并将其放在支架上。练习中需要将杠铃放在运动员的后颈部、肩膀、三角肌前束或锁骨上面时，也需要协助者的帮助。

过顶练习以及需要将杠铃放在肩部后侧和前侧的练习

为了增强安全性，过顶练习以及那些需要将杠铃放在肩部后侧和前侧的练习应在深蹲架（力量架）上进行，杠铃杆的支撑托架或壁架应根据练习类型和运动员的身高设置在适当的高度。协助者（或协助者们）需要与运动员差不多高，并且足够强壮，以便在需要时能够支撑负荷。不借助深蹲架的练习（如前跨步弓步或登阶练习）可能会导致严重伤害，练习中应予以注意。上面所述情况的练习包括以下内容。

- 肩上推举的所有变式动作
- 杠铃深蹲的所有变式动作
- 杠铃弓步的所有变式动作

面部上方练习

在为面部上方练习做准备时，协助者应该以正反握的方式握住杠铃，握距通常比运动员的握距更窄一些。在某些练习（如仰卧杠铃肱三头肌伸展）开始前或结束后，杠铃的曲线运动轨迹使协助者必须以正反握的方式提起杠铃并将其放回地面；但是，在练习进行时，协助者应使用反握的方式来握住杠铃。这样做有助于确保杠铃不会从协助者的手中滚落到运动员的面部或脖子上。协助者需要用双脚建立一个坚实、宽阔的支撑基础，并保持脊柱处于中立位，以支撑起可能需要和运动员一起发力才能举起的负荷。上面所述情况的练习包括以下内容。

- 卧推的所有变式动作
- 仰卧杠铃肱三头肌伸展
- 哑铃飞鸟的所有变式动作

一般安全建议

请运动员遵循以下准则，来确保安全合理地进行练习。

- 进行力量和爆发力练习的场地应该没有障碍物和闲杂人员，并应是干净、干燥、平坦及标记清晰的地方（如在力量台上）。

  该准则也适用于其他复杂的非爆发力练习，如弓步、硬拉和登阶练习。

- 在力量和爆发力练习中，到了无法再完成一次练习的程度时，运动员可以将杠铃向前推，使身体向后移动，让杠铃自由掉落在地面上。**不要试图挽救一个少做的或失败的练习。**
- 在进行以杠铃杆高举过头顶姿势结束的练习之前，运动员要检查从地面到天花板的空间是否足够。
- 应使用带有旋转套筒的杠铃杆，尤其是在力量和爆发力练习中。
- 在进行前蹲和后蹲时，可使用带有支撑托架或挂钩的深蹲架装置，将杠铃杆置于腋窝高度；通过设定装置使用位于肩膀高度的杠铃开始或结束练习，要比使用放置在地面上（结束练习时需要放回地面）的杠铃更为安全。
- 将杠铃从深蹲架上的支撑托架或挂钩装置上拿起或放回时，应在**开始**一组练习时**后退**一步，并在**结束**一组练习时**向前**一步。**不要用往后方退走的方式来将杠铃放回架子上。**
- 始终使用杠铃片固定卡簧或卡锁（护片垫圈），将自由配重片固定在杠铃上。
- 选定的插栓（通常为L形或T形）要完全插入器械练习的配重架中。

身体预备姿势和举重指南

运动员通常需要将杠铃或哑铃从地面上提起后才能进入练习的开始姿势（如俯身划船、肱二头肌弯举、水平或上斜哑铃卧推、站姿划船、仰卧杠铃肱三头肌伸展、罗马尼亚硬拉）。为了避免下背部过度劳累，运动员要将身体置于正确位置，以便安全有效地举起重物。正确握住杠铃杆或者哑铃的要点如下。

- 在杠铃杆后面或者在哑铃之间下蹲。
- 双脚间距在髋部宽度与肩部宽度之间。
- 如果要举起杠铃，应使杠铃杆靠近小腿并位于脚掌上方，然后采用闭握方式抓住杠铃杆，双手间距与肩同宽（或稍宽于肩）。
- 如果要举起一对哑铃，请直接站在两个哑铃之间，采用中立握闭握方式抓住手柄，手臂或手处于中立位。
- 将手臂放在膝盖外侧，肘部伸直。

在从地面上举起重物之前，请遵循以下准则，使身体处于正确的准备姿势。这些准则还描述了在开始力量和爆发力练习（如高抓、高翻）之前，应该如何定位身体。

- 背部处于中立位置或略微拱起。
- 放松并略微伸展斜方肌，胸部挺起，肩胛骨并拢。

- 头部与脊柱成一条直线，或略微过伸。
- 身体重心位于脚中间和前脚掌之间，同时脚跟要与地面保持接触。
- 肩部位于杠铃杆正上方，或略微向前越过。
- 眼睛直视正前方或略微向上看。

为了避免重复，本书许多练习的清单中会将这 6 条准则称为"身体预备姿势和举重指南"。文中对这些内容就不再做详细说明了。

关于举重腰带的建议

举重时佩戴举重腰带（护腰带）有助于保持腹内压力。举重腰带的适用性取决于所进行的练习类型和所举起的相对负荷。建议在进行对腰部有压力的练习时，以及在使用接近最大负荷或使用最大负荷进行数组练习时，佩戴举重腰带。当与合理的举重和保护技术相结合时，佩戴举重腰带将有助于减少腰部受伤的风险，但过于频繁地佩戴举重腰带可能会减少腹部肌肉的训练机会。此外，在不会给腰部施加压力的练习（如肱二头肌弯举、背阔肌下拉）或对腰部施加压力但采用了较轻负荷的练习（如后蹲、硬拉）中，运动员不需要佩戴举重腰带。

训练时的呼吸指导

抗阻训练中的最佳呼吸方式是在向心（用力）阶段的黏滞点（运动中最困难的部分）呼气，在运动的轻松部分（离心阶段）吸气。通常情况下，黏滞点出现在从离心阶段过渡到向心阶段之后不久。例如，自由重量卧推练习的黏滞点一般在上升运动阶段的中期，这时运动员应该呼气；当杠铃杆放回胸部时，运动员应该吸气。这种呼吸方式几乎适用于所有的抗阻训练。

在某些情况下，可能会建议运动员屏住呼吸（憋气）。经验丰富和训练有素的运动员在进行高负荷的**结构性练习**（比如那些对脊柱施加负荷并因此对其施加压力的练习）时，可以用**瓦尔萨瓦呼吸法**，通过增加腹内压力来帮助保持脊柱对齐和支撑。瓦尔萨瓦呼吸法要求呼气时关闭声门，同时收缩腹部和肋间肌，这样躯干的下部会形成刚性的流体隔间，躯干的上部会形成刚性的空气隔间，并且腹内压会增加。瓦尔萨瓦呼吸法的优势是它增加了整个躯干的刚性，以帮助支撑脊柱，同时又减少了举重时对椎间盘的压迫。瓦尔萨瓦呼吸法还有助于建立和维持正常的腰椎前凸位置（也被称为**脊柱中立位**）和上躯干的直立位置，这也是某些练习的技术要求。但请注意，瓦尔萨瓦呼吸法导致的腹内压力升高可能会产生副作用，如眩晕、方向迷失、血压过高和昏厥。这就是为什么憋气阶段如此短暂，只有 1 ~ 2 秒。即使是训练有素的运动员，也不应该延长憋气阶段的时间，因为血压会迅速上升到静息时的 3 倍。

　　参与最大肌力（1RM）测试的实践者需要了解指导运动员采用瓦尔萨瓦呼吸法的优势和劣势。出于安全和技术考虑，在运动过程中，脊柱得到内部支撑固然很重要，但运动员不应延长憋气时间。

变式训练和非传统器械训练

　　变式训练和非传统器械训练已变得非常普遍。这些训练采用的通用准则与传统抗阻训练采用的通用准则类似。在进行变式训练和非传统器械训练时，运动员应遵循其中大部分准则，包括保持稳定的身体姿势、使用正确的握法，以及遵循正确的呼吸模式。以下是大多数训练环境中非传统意义的训练类型。

- **自重训练**——通过各种动作，利用身体的重量作为外部阻力的一种练习形式。
- **核心稳定性和平衡训练方法**——包括分离式练习、专门设计的练习或自由重量练习，以及用不稳定装置来激活身体核心和改善平衡能力。
- **可变阻力**——允许施加的阻力随着关节角度的变化而变化，以便在运动范围内最大限度地提高肌肉的发力。
- **非传统器械训练**——将一些大力量训练和壶铃训练相结合，为运动员的整体训练计划增加更多的变化。
- **单侧训练（不对称训练）**——应该将单侧训练纳入训练计划，以减少双侧的不对称现象，或将其用作康复训练。

第1部分

全身训练动作——力量和爆发力练习

全身训练动作——力量和爆发力练习

名称	页码	向心运动的描述	肌肉群或身体部位	肌肉
高抓	4	髋关节伸展	臀肌	臀大肌
			腘绳肌	半膜肌
				半腱肌
				股二头肌
		伸膝	股四头肌	股外侧肌
				股中间肌
				股内侧肌
				股直肌
		踝关节跖屈	小腿	比目鱼肌
				腓肠肌
		肩部屈曲和外展	肩部	三角肌前束和中束
		肩胛骨上提	肩部和上背部	斜方肌（上部）
		肘部屈曲	上臂(前部)	肱肌
				肱二头肌
				肱桡肌*
		肘部伸展	上臂（后部）	肱三头肌
高抓（从举重垫块上）	8	与高抓相同		
悬垂式高抓	10	与高抓相同		
单臂哑铃抓举	14	与高抓相同		
直腿抓举（实力抓举）	17	与高抓相同		
高翻	21	其他与高抓相同，但向心运动不包括肘部伸展		
悬垂式高翻	25	其他与高抓相同，但向心运动不包括肘部伸展		
哑铃悬垂式高翻	28	其他与高抓相同，但向心运动不包括肘部伸展		
借力推举	31	其他与高抓相同，只是肩部（三角肌前束和内侧三角肌）屈曲和外展幅度更大，以及肱三头肌伸展幅度更大		
哑铃悬垂式高翻至推举	34	其他与高抓相同，只是肩部（三角肌前束和内侧三角肌）屈曲和外展幅度更大，以及肱三头肌伸展幅度更大		
借力挺举	36	与高抓相同		
箭步挺举	39	与高抓相同		

*肱桡肌主要位于前臂的上部和外侧，但在肘部屈曲时它也参与其中。

66

1.1　高抓

从开始姿势起，这个练习要求在手臂完全伸展的情况下快速将杠铃举过头顶。尽管这个练习的上升运动由4个不同的阶段组成，但杠铃的整体上升运动发生在一个连续的练习过程当中。

开始姿势

- 双脚分开站立，站距在髋部宽度与肩部宽度之间，脚尖微微向外，膝盖位于脚部正上方。
- 下蹲，髋部低于肩部，以正握的方式在两侧均衡地抓住杠铃杆。该练习的握距比其他练习要宽。该握距可以通过测量从握紧拳头的指关节边缘到对侧肩膀外侧边缘的距离来估计；也可以让运动员的两侧上臂外展至与地面平行，通过测量此时运动员一侧肘部到另一侧肘部的距离来估计。如有必要，运动员可以根据肩部的柔韧性和手臂的长度调

握距测量方法1：
测量拳头到对侧肩膀的距离

握距测量方法2：
测量肘到肘的距离

开始姿势/首次发力的开始

首次发力的结束/过渡阶段的开始

过渡阶段的结束/二次发力的开始

全身训练动作——力量和爆发力练习

整握距。实际采用的握法可以是闭握或锁式握法（也叫钩握）。使用锁式握法时，将一只向下抓握的手放在杠铃杆上，先将拇指缠绕在杠铃杆上，然后缠绕其余4根手指，将食指（或加上中指）缠绕覆盖在拇指上。这种握法对举起最大或接近最大的负荷是有作用的，但最初可能会让人感到不舒服。用运动胶带包裹拇指可以减轻使用锁式握法时的压力。

- 将手臂放在膝盖外侧，肘部完全伸展并指向两侧。
- 将杠铃杆放在小腿前约3厘米处（应该比示例照片中看到的要远），且在前脚掌正上方。
- 在提起杠铃之前，遵守身体预备姿势和举重指南，将身体置于正确的位置。
- 所有的重复练习都是从这个姿势开始的。
- 躯干、髋部、膝盖和杠铃杆的确切位置取决于运动员的关节段长度和下肢柔韧性。一个下肢柔韧性较差的运动员在试图呈现高抓的正确开始姿势时，可能难以在肘部伸展的同时保持脚跟着地。如果无法呈现该开始姿势，那么悬垂式高抓可能是一种替代练习，因为它不要求运动员从抓起地上的杠铃开始，而是从抓起高于膝盖位置的杠铃开始。

二次发力的结束

接杠

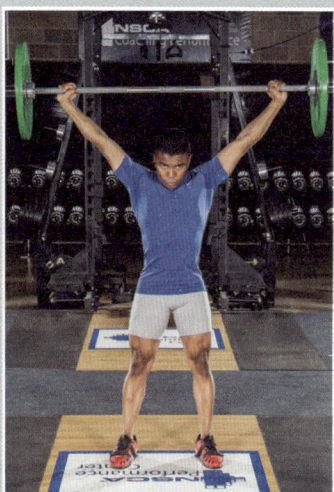
结束姿势

首次发力

从提起杠铃到使杠铃杆位于膝盖处的上升运动阶段称为首次发力阶段。

- 开始练习时，要用力伸展髋关节和膝关节。这些关节必须以相同的速度伸展，以保持躯干与地面的角度不变。不要让髋部先于或快于肩部上升。保持脊柱处于中立位置（或略微拱起），同时将身体重心从脚掌中间缓慢地移向脚跟，这有助于保持固定的躯干角度和使杠铃进入正确的运动轨迹。
- 肘部仍应完全伸展，头部与脊柱保持中立，肩部位于杠铃杆上方或稍微向前。
- 杠铃杆上升时，应尽量靠近小腿。

过渡阶段

膝盖在杠铃杆的下方，向前移动的上升运动阶段称为过渡阶段。

- 当杠铃杆上升到膝盖上方时，髋部向前推，膝关节略微弯曲，使大腿抵住杠铃杆。
- 在第二次屈膝的过程中，身体重心向前移动到脚掌中间，但脚跟仍保持与地面接触。
- 保持背部中立（或略微拱起），肘部完全伸展并指向两侧，头部与脊柱成一条直线。
- 肩膀仍应位于杠铃杆上方，尽管当膝关节和大腿在杠铃杆下方移动时，肩膀会倾向于向后移动。在这个阶段结束时，身体处于二次发力位置。

二次发力（爆发力阶段）

从杠铃杆在大腿处并靠近身体的发力位置开始，到下肢三关节（髋关节、膝关节和踝关节）完全伸展，杠铃达到最大运动速度，这个阶段称为二次发力或者爆发力阶段。

- 杠铃杆应该靠近或接触大腿前部，靠近腹股沟褶皱处。快速伸展髋关节、膝关节和踝关节来进行快速的上升运动。注意，这里的踝关节伸展是跖屈。
- 杠铃杆应尽可能地靠近身体。
- 保持躯干姿势，背部中立（或略微拱起），肘部指向两侧，头部与脊柱成一条直线。
- 保持肩部位于杠铃杆上方，在髋关节、膝关节和踝关节伸展的同时，肘部也尽可能地伸展。

- 当下肢三关节完全伸展时，迅速耸肩。做耸肩动作时，肘部应充分伸展并指向两侧。
- 当肩部达到最高位置时，弯曲肘部，开始将身体拉到杠铃杆下方。上半身的动作与站姿划船练习类似，只是握距稍宽一些。肘部向上移动并向两侧伸出。
- 尽可能抬高手臂，并尽可能长时间地持续发力。
- 由于下肢三关节伸展和上半身的发力，躯干会直立或略微过度伸展，头部会略微向后倾斜，双脚可能会离开地面。

接杠

以高举过顶的姿势接住杠铃的动作称为接杠。

- 在下肢三关节完全伸展，且杠铃接近最高位置时，通过旋转手臂和手将身体拉到杠铃下方，同时，屈髋屈膝到约1/4蹲的蹲举姿势。
- 双脚通常以稍宽的姿势重新与地面接触，脚尖指向比起始位置稍远的位置。
- 一旦手臂位于杠铃杆下方，则快速伸展肘部，将杠铃向上推，身体在杠铃杆下方向下移动。
- 应该在耳朵上方稍微靠后的位置接住杠铃杆，此时身体应该：
  - 肘关节完全伸展；
  - 身体挺直并保持稳定；
  - 头部保持中立；
  - 双脚平放在地面上；
  - 身体重心位于脚掌中间。
- 在获得控制和平衡后，通过伸展髋关节和膝关节站起来，达到完全直立的姿势。

下放动作

- 如果使用的是橡胶缓冲型杠铃片，可以有控制地将杠铃扔回地面；扔下杠铃后，应该将手靠近或放在杠铃杆上，以控制杠铃片的弹跳。
- 常见的情况是，逐渐减少肩部的肌肉张力，将杠铃从头顶位置缓慢放下，有控制地将杠铃杆下降到大腿处。髋关节和膝关节同时弯曲，以缓冲杠铃对大腿的冲击。然后通过下蹲来下放杠铃，直至杠铃接触到地面。
- 如果位置不正确的话，需要重新为杠铃杆和身体归位。

1.2　高抓（从举重垫块上）

开始姿势

- 杠铃位于一组举重垫块上。举重垫块的高度应使杠铃杆刚好位于膝盖上方。用宽距的正手握法或锁式握法抓住配重的杠铃杆。
- 在开始姿势中，肩部应该位于杠铃杆上方，肘部朝外，头向前。
- 所有的重复练习都是从这个姿势开始的。

上升运动

- 开始运动时，快速伸展髋关节、膝关节和踝关节，同时保持肩部位于杠铃杆上方。

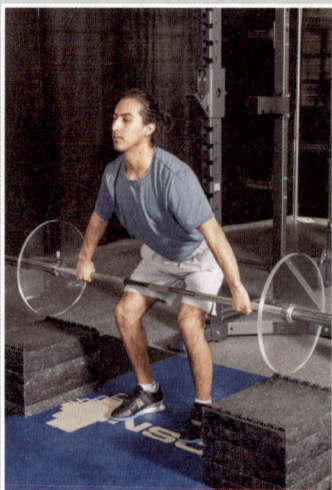

开始姿势　　　　　　　　　　开始发力　　　　　　　下肢三关节完全伸展

- 让杠铃杆上升到大腿处，并确保它尽可能靠近身体。
- 当下肢三关节完全伸展时，迅速耸肩。
- 当肩部达到最高位置时，弯曲肘部，开始将身体拉向杠铃杆下方。
- 这一阶段的爆发性发力可能导致双脚离开地面。
- 屈髋屈膝成1/4蹲姿势，继续将身体拉到杠铃杆下方。
- 一旦身体位于杠铃杆下方，采用前面描述的高举过顶的姿势接住杠铃（参见1.1的接杠部分）。
- 恢复到站立姿势，同时保持高举过顶的姿势。

下放动作

　　以有控制的方式，通过弯曲肘部和减少肩部的肌肉张力来下放杠铃。将杠铃下放到举重垫块上时，弯曲髋关节和膝关节。

全身训练动作——力量和爆发力练习

发力结束

接杠

结束姿势

1.3　悬垂式高抓

　　这个练习和高抓（抓举）基本类似，但有一处不同——杠铃的初始位置不是在地面上，而是位于膝盖上方的大腿处。本质上讲，悬垂式高抓是在过渡阶段进行的高抓（抓举）。因为杠铃移动的距离较短，所以运动员在杠铃上发力的时间也较短。由于位于膝盖上方的杠铃没有初始动量，因此与高抓（抓举）相比，举起既定负荷需要更多的肌肉力量（爆发力），有力、快速地伸展髋关节、膝关节和踝关节，然后耸肩并通过手臂发力，是进行悬垂式高抓练习的关键。

开始姿势

- 双脚分开站立，站距在髋部宽度与肩部宽度之间，脚尖微微向外，使膝盖位于脚部正上方。
- 下蹲，髋部低于肩部，以正握的方式在两侧均衡地抓住杠铃。该练习的握距比其他练习要宽。该握距可以通过测量从握紧拳头的指关节边缘到对侧肩膀外侧边缘的距离来估计；也可以让运动员的两侧上臂外展至与地面平行，通过测量此时运动员一侧肘部到另一侧肘部的距离

开始姿势

下降运动

上升运动

来估计。如有必要，运动员可以根据肩部的柔韧性和手臂的长度来调整握距。实际采用的握法可以是闭握或锁式握法（也叫钩握）。使用锁式握法时，将一只向下抓握的手放在杠铃杆上，先将拇指缠绕在杠铃杆上，然后缠绕其余4根手指，将食指（或加上中指）缠绕覆盖在拇指上。这种握法对举起最大或接近最大的负荷是有作用的，但最初可能会让人感到不舒服。用运动胶带包裹拇指可以减轻使用锁式握法时的压力。

- 将手臂放在膝盖外侧，肘部完全伸展并指向两侧。
- 将杠铃抬离地面，站直身体，使杠铃杆靠近髋部的腹股沟褶皱处。
- 所有的重复练习都是从这个姿势开始的。

下降运动

这个动作阶段是从下降（腘绳肌的离心收缩）开始的。在此过程中，运动员逐步将杠铃降低到大腿中部、膝盖顶部、膝盖以下。随着杠铃的降低，身体重心从脚掌中部转移到更靠近脚跟的位置。

接杠

结束姿势

全身训练动作——力量和爆发力练习

过渡阶段

膝盖和大腿在杠铃杆的下方，向前移动的上升运动阶段称为过渡阶段。

- 一旦杠铃杆到达下降运动阶段的最低位置，运动员可以利用腘绳肌的拉伸和收缩快速反转动作，开始向上加速拉动杠铃。
- 髋部向前推，膝关节略微弯曲，使大腿抵住杠铃杆，膝盖位于杠铃杆下方。
- 在弯曲膝关节的过程中，身体重心向前移动到脚掌中部，但脚跟仍与地面保持接触。
- 保持背部中立或略微拱起，肘部完全伸展并指向两侧，头部与脊柱成一条直线。
- 肩部仍应位于杠铃杆上方，尽管当膝关节和大腿在杠铃杆下方移动时，肩部会倾向于向后移动。在这个阶段结束时，身体处于发力位置。

上升运动（爆发力阶段）

从杠铃杆在大腿处并靠近身体的发力位置，到下肢三关节完全伸展且杠铃达到最大运动速度，这个阶段称为上升运动或爆发力阶段。

- 杠铃杆应该靠近或接触大腿前部，靠近腹股沟褶皱处。快速伸展髋关节、膝关节和踝关节来进行快速的上升运动。注意，这里的脚踝伸展是跖屈。
- 杠铃杆应尽可能地靠近身体。
- 保持躯干姿势，背部中立（或略微拱起），肘部指向两侧，头部与脊柱成一条直线。
- 保持肩部位于杠铃上方，在髋关节、膝关节和踝关节伸展的同时，肘部也尽可能地伸展。
- 当下肢三关节完全伸展时，迅速耸肩。做耸肩动作时，肘部应充分伸展并指向两侧。
- 当肩部达到最高点时，弯曲肘部，开始用手臂将身体拉到杠铃下方。上半身的动作与站姿划船练习类似，只是握距稍宽一些。肘部向上和向外移动到两侧，但不要向后移动。

- 由于下肢三关节伸展和上半身的发力，躯干会直立或略微过度伸展，头部会略微向后倾斜，双脚可能会离开地面。

接杠

以高举过顶的姿势接住杠铃的动作称为接杠。

- 在下肢三关节完全伸展，且杠铃接近最高位置时，通过旋转肘关节将身体拉到杠铃下方，同时身体和肘部都处于杠铃下方。
- 一旦肘部位于杠铃下方，就快速伸展肘部，将杠铃向上推，身体在杠铃下方向下移动。
- 屈髋屈膝到约1/4蹲的蹲举姿势。
- 双脚通常以稍宽的姿势重新与地面接触，脚尖指向比起始位置稍远的位置。
- 在耳朵上方稍微靠后的位置接住杠铃，此时身体状态为：
  - 肘关节完全伸展；
  - 身体挺直并保持稳定；
  - 头部保持中立；
  - 双脚平放在地面上；
  - 身体重心位于脚掌中间。
- 理想的情况是，当杠铃达到其最大高度时，肘部完全伸展，身体正处于1/4蹲的蹲举姿势。
- 在获得控制和平衡后，通过伸展髋关节和膝关节站起来，达到完全直立的姿势。

下放动作

- 逐渐减少肩部的肌肉张力，将杠铃从头顶位置缓慢放下，有控制地将杠铃杆下降到大腿处。髋关节和膝关节同时弯曲，以缓冲杠铃对大腿的冲击。
- 如果位置不正确的话，需要重新为杠铃和身体归位。

1.4　单臂哑铃抓举

开始姿势

- 双脚位于哑铃的两边，站距在髋部宽度与肩部宽度之间，脚尖微微向外。
- 下蹲，髋部低于肩部，单手采用闭握方式掌心向下抓住哑铃，肘部完全伸展。
- 对侧手臂应该垂在身体的一侧。
- 在提起哑铃之前，遵守身体预备姿势和举重指南，将身体置于正确的位置。
- 所有的重复练习都是从这个姿势开始的。

上升运动

- 动作开始时，用力伸展髋关节、膝关节和踝关节。

开始姿势

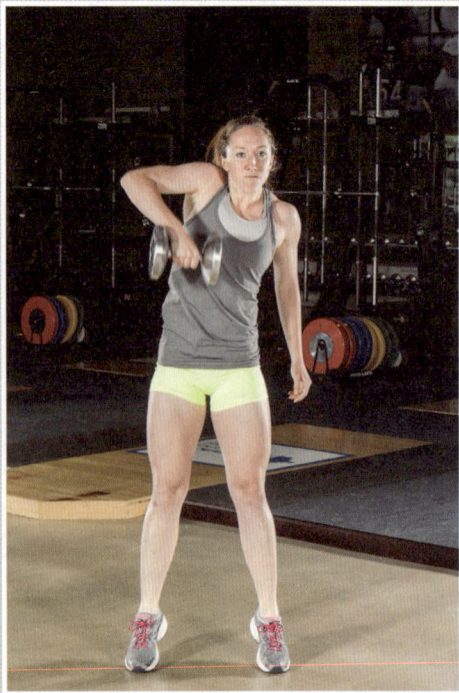

上升运动

- 哑铃应该向上滑动到大腿处，或者在向上加速时保持贴近大腿。
- 在髋关节、膝关节和踝关节都伸展时，握住哑铃侧的手臂的肘部也应保持伸展。
- 当下肢三关节完全伸展时，迅速耸动握住哑铃侧手臂的肩膀。做耸肩动作时，握住哑铃一侧手臂的肘部应伸展并朝向一侧。
- 当肩膀达到最高位置时，弯曲握住哑铃的手臂的肘部，开始将身体拉到哑铃的下方。哑铃应尽可能贴近躯干上升。
- 尽可能高地抬起握住哑铃一侧的手臂，并尽可能长时间地持续发力。
- 没有握住哑铃一侧的手臂应保持在对侧髋部处。
- 由于下肢三关节伸展和上半身的发力，躯干会直立，头部会略微向后倾斜，双脚可能会离开地面。

接住哑铃

结束姿势

接住哑铃

- 在下肢三关节完全伸展且哑铃接近最高位置时，通过旋转握住哑铃一侧的手臂和手将身体拉到哑铃下方，然后屈髋屈膝到约1/4蹲的蹲举姿势。
- 一旦握住哑铃一侧的手臂位于哑铃下方，则快速伸展肘部，将哑铃向上推，身体在哑铃下方向下移动。
- 没有握住哑铃一侧的手臂应保持在对侧髋部。
- 获得控制和平衡后，站起身来，呈完全直立姿势。

下放动作

- 完成一次练习后，通过逐渐减少握住哑铃一侧手臂的肩部肌肉张力，将哑铃从头顶位置慢慢放下；先让哑铃有控制地下降到肩部，再到大腿，最后是双脚之间的地面（采用下蹲动作）。
- 如果位置不正确的话，需要重新为哑铃和身体归位。

1.5　直腿抓举（实力抓举）

　　直腿抓举（Muscle Snatch）也被译为实力抓举或肌肉抓举。直腿抓举练习涉及在手臂完全伸展的情况下将杠铃举过头顶，此练习与高抓（抓举）稍有不同。高抓（抓举）是一个连续完成的动作，直腿抓举可分解成两个动作：肘部在杠铃下方旋转，然后将杠铃向上推起以完成动作。在直腿抓举中，不会弯曲髋关节和膝关节。

开始姿势

- 双脚分开站立，站距在髋部宽度与肩部宽度之间，脚尖微微向外，膝盖位于脚部正上方。
- 下蹲，髋部低于肩部，以正握的方式在两侧均衡地抓住杠铃杆。该练习的握距比其他练习要宽。该握距可以通过测量从握紧拳头的指关节边缘到对侧肩膀外侧边缘的距离来估计；也可以让运动员的两侧上臂外展至与地面平行，通过测量此时运动员一侧肘部到另一侧肘部的距离来估计。如有必要，运动员可以根据肩部的柔韧性和手臂的长度来调整此间距。实际采用的握法可以是闭握或锁式握法（也叫钩握）。使用锁式握法时，将一只向下抓握的手放在杠铃杆上，先将拇指缠绕在杠铃杆上，然后缠绕其余4根手指，将食指（或加上中指）缠绕覆盖在拇指上。这种握法对举起最大或接近最大的负荷是有作用的，但最初可能会让人感到不舒服。用运动胶带包裹拇指可以减轻使用锁式握法时的压力。
- 将手臂放在膝盖外侧，肘部完全伸展并指向两侧。
- 将杠铃放在小腿前约3厘米处（应该比示例照片中看到的要远），且在前脚掌正上方。
- 在提起杠铃之前，遵守身体预备姿势和举重指南，将身体置于正确的位置。
- 所有的重复练习都是从这个姿势开始的。
- 躯干、髋部、膝盖和杠铃杆的确切位置取决于运动员的关节段长度和下肢柔韧性。一个下肢柔韧性较差的运动员在试图呈现高抓（抓举）的正确开始姿势时，可能难以在肘部伸展的同时保持脚跟着地。如果无法呈现该开始姿势，那么悬垂式高抓可能是一种替代练习，因为它不要求运动员从抓起地上的杠铃开始，而是从抓起高于膝盖位置的杠铃开始。

首次发力

从抬高杠铃到使其刚好位于膝盖上方的上升运动阶段称为首次发力。

- 开始练习时，要用力伸展髋关节和膝关节。这些关节必须以相同的速度伸展，以保持躯干与地面的角度不变。不要让髋部先于或快于肩部上升。保持背部处于中立位置（或略微拱起），同时将身体重心从脚掌中间缓慢地移向脚跟，这有助于维持恒定的躯干角度和使杠铃进入正确的运动轨迹。
- 肘部仍应完全伸展，头部与脊柱成一条直线，肩部略高于杠铃。
- 杠铃杆上升时，应尽量靠近小腿。

过渡阶段

膝盖和大腿在杠铃杆的下方，向前移动的上升运动阶段称为过渡阶段。

开始姿势

首次发力

过渡阶段

- 当杠铃杆上升到膝盖上方时，髋部向前推，膝关节略微弯曲，使大腿抵住杠铃杆。
- 在第二次屈膝过程中，身体重心向前移动到脚的中间，但脚跟仍与地面保持接触。
- 保持背部中立（或略微拱起），肘部完全伸展并指向两侧，头部与脊柱成一条直线。
- 肩膀仍然位于杠铃上方，尽管当膝关节和大腿在杠铃杆下方移动时，肩膀会有向后移动的倾向。在这个阶段结束时，身体处于二次发力位置。

二次发力（爆发力阶段）

从杠铃杆在大腿处并靠近身体的发力位置开始，到下肢三关节完全伸展，杠铃达到最大运动速度，这个阶段称为二次发力或爆发力阶段。

- 杠铃杆应该靠近或接触大腿前部，靠近腹股沟褶皱处。快速伸展髋关节、膝关节和踝关节来进行快速的上升运动。注意，这里的踝关节伸展是跖屈。

全身训练动作——力量和爆发力练习

二次发力

接杠

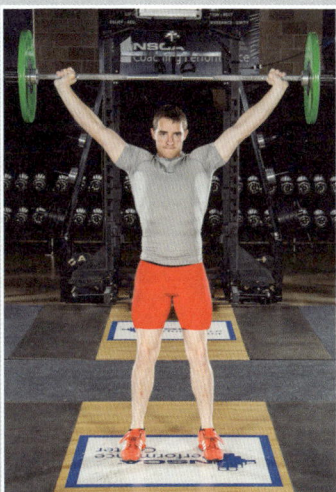
结束姿势

- 杠铃杆应尽可能地靠近身体。
- 保持躯干姿势，背部中立（或略微拱起），肘部指向两侧，头部与脊柱成一条直线。
- 在髋关节、膝关节和踝关节伸展的同时，保持肩部位于杠铃上方，肘部也尽可能地伸展。
- 当下肢三关节完全伸展时，迅速耸肩。做耸肩动作时，肘部应充分伸展并指向两侧。
- 当肩部达到最高位置时，弯曲肘部，开始将身体拉到杠铃下方。上半身的动作与站姿划船练习类似，只是握距稍宽一些。肘部向上移动并向两侧伸出。
- 在下肢三关节完全伸展且肘部达到最高点后，双肘在杠铃下方快速完成旋转后指向地面。在肘部完全伸展时，膝关节和髋关节要保持伸展以完成动作，不同于前面的高抓（抓举）练习中那样屈髋屈膝以接住杠铃。

接杠

在头顶位置推举杠铃的动作也称为直腿抓举的接杠阶段。

- 肘部一旦位于杠铃的下方，就将杠铃推向头顶。
- 与高抓（抓举）练习不同，在做直腿抓举时，膝关节和髋部是完全伸展的，在将杠铃推举过头顶时也不要弯曲。

下放动作

- 如果使用的是橡胶缓冲型杠铃片，可以有控制地将杠铃扔回地面；扔下杠铃后，应该将手靠近或放在杠铃杆上，以控制杠铃片的弹跳。
- 常见的情况是，逐渐减少肩部的肌肉张力，将杠铃从头顶位置缓慢放下，有控制地将杠铃杆下降到大腿处。髋关节和膝关节同时弯曲，以缓冲杠铃对大腿的冲击。然后通过下蹲来下放杠铃，直至杠铃接触到地面。
- 如果位置不正确的话，需要重新为杠铃和身体归位。

1.6　高翻

这个动作与高抓（抓举）类似，但有以下两个主要区别。

第一，杠铃的最终位置是在肩部，而不是在头顶。

第二，握距大约与肩同宽，而高抓（抓举）的握距要宽得多。

因为有许多共同点，因此对高翻的介绍稍显简短，我们将介绍重点放在与高抓（抓举）相比，高翻的一些不同之处。

开始姿势

- 双脚分开站立，站距在髋部宽度与肩部宽度之间，脚尖微微向外，膝盖位于脚部正上方。
- 下蹲，髋部低于肩部，采用正握方式掌心向下抓住杠铃，握距与肩同宽（或稍宽于肩）。
- 将手臂放在膝盖外侧，肘关节完全伸直并指向两侧。
- 将杠铃放在小腿前，且在脚掌正上方。
- 在提起杠铃之前，遵守身体预备姿势和举重指南，将身体置于正确的位置。
- 所有的重复练习都是从这个姿势开始的。
- 躯干、髋部、膝盖和杠铃杆的确切位置与运动员身段长度和下肢关节的柔韧性有关。另一种练习是悬垂式高翻，开始进行该练习时，杠铃应位于膝盖上方，而不是在地上。

首次发力

- 开始练习时，要用力伸展髋关节和膝关节。保持躯干与地面的角度不变，不要让髋部先于或快于肩部上升，并保持背部中立（或略微拱起）。
- 保持肘部完全伸展，头部与脊柱成一条直线，肩部略高于杠铃。
- 发力过程中，让杠铃杆尽可能地靠近胫骨。

过渡阶段

- 当杠铃杆上升到膝盖上方时，髋部向前推，膝关节略微弯曲，使大腿抵住杠铃杆。

全身训练动作——力量和爆发力练习

- 当膝关节弯曲时，身体重心向前转移到脚掌中间，保持脚跟仍贴在地面上。
- 保持背部中立（或略微拱起），肘部完全伸展并指向两侧，肩部略高于杠铃，头部与脊柱成一条直线。
- 在过渡阶段结束时，身体处于二次发力位置。

二次发力（爆发力阶段）

- 从二次发力位置开始，杠铃放在膝盖和大腿中部之间，通过用力快速伸展髋关节、膝关节和踝关节，开始二次发力。
- 杠铃应尽可能地靠近躯干。
- 保持肩部位于杠铃杆上方，在髋关节、膝关节和踝关节伸展的同时，肘部也尽可能地伸展。
- 当下肢三关节完全伸展时，迅速耸肩。做耸肩动作时，肘部应充分伸展并指向两侧。

| 开始姿势/首次发力的开始 | 首次发力的结束/过渡阶段的开始 | 过渡阶段的结束/二次发力的开始 |

- 当肩部达到最高位置时，弯曲肘部，开始将身体拉到杠铃下方。
- 尽可能抬高手臂，尽可能长时间地持续发力，同时肘部向上移动并向两侧伸出。
- 由于下肢三关节伸展和上半身的发力，躯干会直立或略微过度伸展，头部会略微向后倾斜，双脚可能会离开地面。

接杠

　　高翻的接杠阶段结束时，杠铃应位于三角肌前束和锁骨上，手臂和杠铃的位置类似于前蹲练习。

- 二次发力结束时，杠铃处于最高位置时，通过旋转手臂和手将身体拉到杠铃下方，然后在杠铃下方，屈髋屈膝到约1/4蹲的蹲举姿势。
- 双脚通常以比开始姿势稍宽的姿势重新与地面接触。

二次发力的结束

接杠

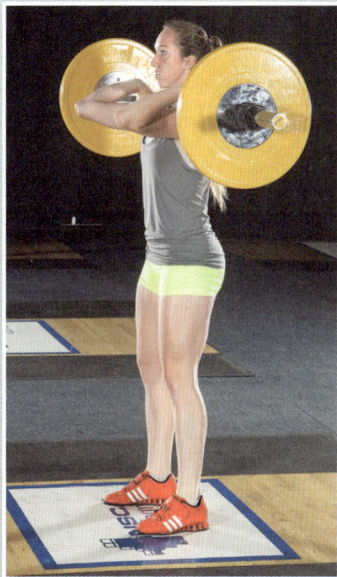

结束姿势

- 应该在锁骨和三角肌前束处接住杠铃杆，此时身体应该：
  - 头部朝向前方；
  - 颈部保持中立或略微过度伸展；
  - 手腕过度伸展；
  - 肘部完全弯曲；
  - 上臂平行于地面；
  - 背部中立（或略微拱起）；
  - 双脚平放在地面上；
  - 身体重心位于脚掌中间。
- 接住杠铃杆的时候躯干应该处于几乎完全直立的姿态，但肩部可以稍微比臀部偏前一些。该位置和前蹲开始下降运动的时候身体的位置一样，可以让杠铃杆直接位于重心的上方。
- 如果躯干过于直立，杠铃的动量会将肩部向后推，使下背部过度伸展，进而导致受伤的风险增加。
- 获得控制和平衡后，站起身来，呈完全直立的姿势。

下放动作

- 完成一次练习后，将手臂绕着杠铃杆向后旋转，将杠铃从锁骨和三角肌前束上拉开卸下，然后慢慢将杠铃杆降至大腿上。稍微弯曲髋关节和膝关节，以缓冲杠铃杆对大腿的冲击。
- 以相同的速度缓慢弯曲髋关节和膝关节（保持躯干直立），以有控制的方式将杠铃放回地面。
- 如果位置不正确的话，需要重新为杠铃杆和身体归位。

1.7　悬垂式高翻

悬垂式高翻基本类似于高翻，但有一个主要变化——杠铃的初始位置不在地面上。从本质上说，悬垂式高翻其实就是在过渡阶段进行的高翻练习。因为杠铃移动的距离较短，所以运动员在杠铃上发力的时间也较短。由于位于膝盖处的杠铃没有初始动量，所以悬垂式高翻与高翻相比，举起给定的负荷需要更多的肌肉力量（爆发力）。因此，有力、快速地伸展髋关节、膝关节和踝关节，然后耸肩并通过手臂快速发力，是进行悬垂式高翻练习的关键。

开始姿势

- 遵守身体预备姿势和举重指南，使身体处于正确位置，将杠铃从地面上提起。
- 使用与高翻相同的站姿、握距和初始身体位置，沿着小腿和大腿慢慢提起杠铃，直到站直身体，此时杠铃杆应位于大腿前面。
- 从这个站立姿势开始，双臂伸展，肘部指向两侧，身体前倾，弯曲髋关节和膝关节，将杠铃杆放在膝盖上方。
- 所有的重复练习都是从这个姿势开始的。

上升运动

- 开始练习时，用力伸展髋关节、膝关节和踝关节。
- 保持肩部位于杠铃杆上方，并尽可能地伸展肘部。当下肢关节完全伸展时，迅速耸肩，但保持肘部伸展并指向两侧。
- 在肩部抬到最高位置时，弯曲肘部并将身体拉到杠铃下方。杠铃杆应尽可能地靠近躯干。
- 尽可能抬高手臂，尽可能长时间地持续发力。这些动作会使杠铃上升至最高位置。
- 由于下肢三关节伸展会导致躯干和头部直立或略微过度伸展，双脚可能会离开地面。

接杠

- 在下半身完全伸展，且杠铃达到最大高度后，通过旋转手臂和手将身体拉到杠铃杆下方，然后在杠铃杆下方，屈髋屈膝到约 1/4 蹲的蹲举姿势。
- 在锁骨和三角肌前束处接住杠铃，肘部在杠铃微微向前的位置。
- 双脚将以比开始姿势稍宽的间距重新与地面接触。
- 获得控制和平衡后，站起身来，让身体完全直立（示例照片未显示此阶段）。

开始姿势　　　　　　　　　　　　　过渡阶段

下放动作

- 完成一次练习后，手臂绕着杠铃杆向后旋转，将杠铃从锁骨和三角肌前束上拉开卸下，然后慢慢将杠铃杆降至大腿上。稍微弯曲髋关节和膝关节，以缓冲杠铃杆对大腿的冲击。
- 如果要进行多次练习，请先让身体完全直立，然后参照身体预备姿势和举重指南移动到正确的起始位置。在两次练习之间，不要让杠铃回到地面。
- 在完成一组练习后，以相同的速度缓慢弯曲髋关节和膝关节（保持躯干直立），以有控制的方式将杠铃放回地面。

全身训练动作——力量和爆发力练习

聳肩的同时下肢三关节伸展　　　　　　　接杠

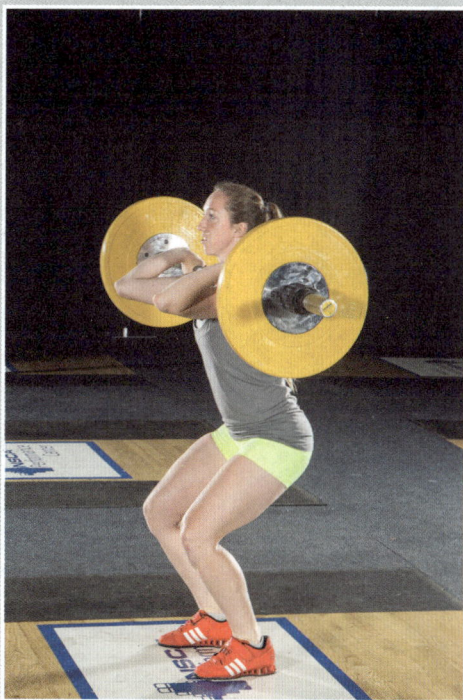

1.8　哑铃悬垂式高翻

开始姿势

- 双手分别以闭握的方式握住两个哑铃。
- 参考身体预备姿势和举重指南，将身体置于正确的位置，将哑铃从地面上提起。
- 沿着小腿和膝盖慢慢提起哑铃，直到身体直立，哑铃位于大腿前面，或靠近大腿两侧。
- 从这个站立位置开始，手臂完全伸展，身体前倾，同时弯曲髋关节和膝关节，让哑铃略高于或略低于膝盖，具体位置取决于运动员的躯干和手臂的长度。
- 所有的重复练习都是从这个姿势开始的。

开始姿势

上升运动

上升运动

- 开始练习时，用力伸展髋关节、膝关节和踝关节。
- 哑铃应该上升至大腿处，并在上升时保持贴近大腿。
- 保持肩部位于哑铃上方，在髋关节、膝关节和踝关节伸展的同时，肘部也尽可能地伸展。当下肢三关节完全伸展时，迅速耸肩，保持肘部伸展并指向两侧。
- 在肩部到达最大高度时，弯曲肘部。整个过程中哑铃应尽可能靠近躯干。
- 尽可能抬高手臂，尽可能长时间地持续发力。
- 由于下肢三关节伸展会导致躯干和头部直立或略微过度伸展，双脚可能会离开地面。

接住哑铃

全身训练动作——力量和爆发力练习

接住哑铃

- 在下半身完全伸展，且哑铃达到最大高度后，通过旋转手臂和手将身体拉到哑铃下方，然后在哑铃下方，屈髋屈膝到约1/4蹲的蹲举姿势。
- 在锁骨和三角肌前束处抓住哑铃，肘部在哑铃微微靠前的位置。
- 双脚将以比开始姿势稍宽的间距重新与地面接触。
- 获得控制和平衡后，站起身来，呈完全直立姿势（示例照片未显示此阶段）。

下放动作

- 完成一次练习后，手臂和双手绕着哑铃向后旋转，将哑铃从三角肌前束和锁骨上拉开卸下，慢慢将哑铃降至大腿处。稍微弯曲髋关节和膝关节，以缓冲哑铃对大腿的冲击。
- 如果要进行多次练习，请先让身体完全直立，然后参照身体预备姿势和举重指南移动到正确的起始位置。在两次练习之间，不要让哑铃回到地面。
- 在完成一组练习后，以相同的速度缓慢弯曲髋关节和膝关节（保持躯干直立），有控制地将哑铃放回地面。

1.9　借力推举

　　这个练习通过快速有力地弯曲髋关节和膝关节，然后同时伸展它们，将杠铃从肩部推到头顶。尽管上升运动由两个阶段组成，但杠铃的运动是连续的，没有中断。借力推举练习涉及快速伸展髋关节和膝关节，让杠铃快速离开肩部。伸展髋关节和膝关节产生的推力仅可以将杠铃推到头顶距离的 1/2 到 2/3 处。从这个高度开始，杠铃被推举（因此被称为推举）至头顶位置，髋关节和膝关节在推举后保持完全伸展。

开始姿势

- 使用高翻或悬垂式高翻练习动作，将杠铃从地面举到肩部，或在深蹲架上将杠铃从肩膀高度的位置举起。
- 挺直站立，双脚站距在髋部宽度与肩部宽度之间，脚尖向前或微微向外，使膝盖位于脚部正上方。
- 将杠铃置于肩部前方后，检查以确保采用两侧均匀的握距，双手以正握闭握的方式握住杠铃杆，握距大概与肩同宽。握住杠铃杆的手应保持一定的放松状态。
- 肘部应处在杠铃杆的正下方或稍微向前。
- 所有的重复练习都是从这个姿势开始的。

下沉预蹲（驱动发力阶段的主动准备）

- 保持躯干直立，头部处于中立位置，同时以缓慢到适度的速度弯曲髋关节和膝关节，让杠铃沿着垂直向下的路径移动。不要改变手臂的姿势。
- 下沉预蹲时髋部不应向后移动，而应保持在肩部的正下方。
- 下沉预蹲不是一个全蹲，而是"下降"到一定位置，这个位置不超过 1/4 蹲或高翻的起始位置；另一个准则是下沉深度不超过运动员身高的10%。

上升运动（驱动发力阶段）

- 在达到下沉的最低位置后，立即反向运动，快速且强有力地伸展髋关节、膝关节和踝关节，将杠铃向头顶移动。
- 开始时，杠铃杆需要固定在肩膀上，以便最大限度地利用下肢三关节伸展产生的向上动力。请注意，杠铃杆离开肩部时，脚跟可能会离开地面。
- 颈部应该呈略微的过度伸展状，以便让杠铃从下巴处通过（否则杠铃会撞到面部）。

接杠

借力推举的上升运动阶段并没有足够的力量将杠铃推举到头顶位置。由于髋关节和膝关节在驱动后已经完全伸展，必须伸展肩部（三角肌）和肘部（肱三头肌），才能将杠铃推举到头顶位置。

- 一旦将杠铃举过头顶，则需要确定以下姿势：
  - 肘部完全伸展；
  - 挺直且稳定的躯干；
  - 头部处于中立位置；
  - 双脚平放在地面上；
  - 杠铃杆位于耳朵正上方或稍稍靠后的位置。
- 平衡身体，身体重心在双脚中间。
- 以完全直立的身体姿势站立，控制杠铃并使身体达到平衡状态。

开始姿势

下沉预蹲

下放动作

- 完成一次练习后，通过逐渐减少手臂的肌肉张力来降低杠铃，使杠铃有控制地下降到肩部。髋关节和膝关节同时弯曲，以缓冲杠铃对肩部的冲击。
- 如果要进行多次练习，请先让身体完全直立，然后按照前面的指导原则让身体回到下沉预蹲姿势。在两次练习之间，不要让杠铃回到地面或深蹲架上。
- 完成一组练习时，先将杠铃从肩部降至大腿处，然后将杠铃降至地面（类似于高翻练习）；也可以将杠铃直接放回深蹲架上。

上升运动

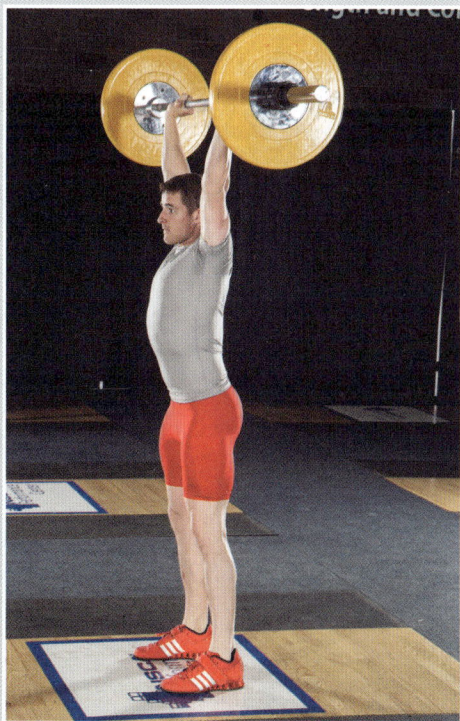

结束姿势（推出杠铃和接杠后）

全身训练动作——力量和爆发力练习

1.10　哑铃悬垂式高翻至推举

开始姿势

- 直立站立，双脚间距在髋部宽度与肩部宽度之间，膝盖位于脚上方，双手各持一个哑铃，悬垂在身体两侧。
- 从站立姿势开始，将哑铃依次降至大腿中部、膝盖处或膝盖上方。
- 所有的重复练习都是从这个姿势开始的。

上升运动

- 通过爆发性地伸展髋关节、膝关节和踝关节来提拉发力，同时保持手臂伸展。
- 将肩部向上和向后推，髋部略微向前和向上。
- 整个下肢向上伸展至脚尖撑地，然后手臂发力。
- 始终保持哑铃靠近身体。

站立姿势　　　　　　　　　开始姿势　　　　　　　　　上升运动

- 当下肢完全伸展时，迅速耸肩，然后手臂发力。
- 下降至1/4蹲姿势，在哑铃下方旋转手腕，同时将肘部向上移动至身体前方，将哑铃架在肩膀前面。
- 完全站直后，立即进行浅蹲，同时保持躯干直立，手臂不动（下沉预蹲）；然后爆发性地伸展髋关节、膝关节和踝关节，同时将哑铃直接推过头顶（驱动发力）。

下放动作

以有控制的方式，将哑铃放回肩膀，然后下降到起始位置。

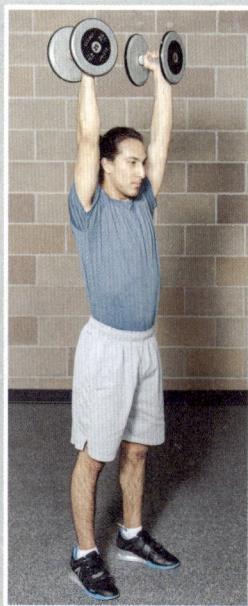

接住哑铃　　站立姿势（下沉预蹲前）　　下沉预蹲　　结束姿势（驱动发力后）

1.11　借力挺举

　　这个练习通过快速有力地弯曲髋关节和膝关节，然后同时伸展它们，将杠铃从肩部向上推动，同时将身体推向下方。结束该练习时，杠铃位于头顶位置。借力挺举练习要求快速伸展髋关节和膝关节，让杠铃快速离开肩部。借力挺举还涉及髋部和膝关节的快速用力推动，这样才能将杠铃向上抛出（或挺举起来），然后在髋关节和膝关节略微弯曲的姿势下，通过伸直肘部在头顶位置抓接住杠铃。

开始姿势

- 使用高翻或悬垂式高翻练习动作，将杠铃从地面举到肩部，或在深蹲架上将杠铃从肩膀高度的位置举起。
- 挺直站立，双脚站距在髋部宽度与肩部宽度之间，脚尖向前或稍稍向外。

开始姿势　　　　　　　　　　下沉预蹲　　　　　　　　　　驱动发力

- 将杠铃置于肩部前方后，检查以确保采用均匀的握距，以正握闭握的方式握住杠铃杆，握距比肩略宽。握住杠铃杆的手应保持一定的放松状态。
- 肘部应处在杠铃杆的正下方或稍微向前。
- 所有的重复练习都是从这个姿势开始的。

下沉预蹲（驱动发力阶段的主动准备）

- 保持躯干直立，头部处于中立位置，同时以缓慢到适度的速度弯曲髋关节和膝关节，让杠铃沿着垂直的路径向下移动。不要改变手臂的姿势。
- 下沉预蹲时髋部不应向后移动，而应保持在肩部的正下方。
- 下沉预蹲不是一个全蹲，而是"下降"到一定位置，这个位置不超过1/4蹲或高翻的起始位置；另一个准则是下沉深度不超过运动员身高的10%。

接杠

恢复阶段

上升运动（驱动发力阶段）

- 在达到下沉的最低位置后，立即反向运动，快速且强有力地伸展髋关节、膝关节和踝关节，将杠铃举到头顶。
- 开始时，杠铃杆需要固定在肩膀上，以便最大限度地利用下肢三关节伸展产生的向上动力。请注意，杠铃杆离开肩部时，脚跟可能会离开地面。
- 颈部应该呈略微的过度伸展状，以便让杠铃从下巴处通过（否则杠铃会撞到面部）。

接杠

借力挺举的上升运动阶段允许在肘部完全伸展、髋关节和膝关节略微弯曲的情况下在头顶上方抓接住杠铃。

- 抓接住杠铃时，髋关节和膝关节应弯曲到大约1/4蹲的位置。这样做的目的是在杠铃达到最大高度且双脚重新接触地面的同时，抓接住杠铃。
- 躯干应保持直立，头部在杠铃杆正下方，与脊柱成一直线；眼睛注视前方。
- 平衡身体，身体重心在双脚中间。

恢复阶段

- 在获得控制和平衡后，通过伸展髋关节和膝关节站起来，达到完全直立的姿势，双脚平放在地上。
- 在头顶上稳住杠铃，同时肘部保持锁定状态。

下放动作

- 完成一次练习后，通过逐渐减少手臂的肌肉张力来降低杠铃，使杠铃有控制地下降到肩部。髋关节和膝关节同时弯曲，以缓冲杠铃对肩部的冲击。
- 如果要进行多次练习，请先让身体完全直立，然后按照前面的指导原则让身体回到下沉预蹲姿势。在两次练习之间，不要让杠铃回到地面或深蹲架上。
- 完成一组练习时，先将杠铃从肩部降至大腿处，然后将杠铃降至地面（类似于高翻练习）；也可以将杠铃直接放回深蹲架上。

1.12　箭步挺举

　　箭步挺举（Split Jerk）也叫作弓步挺举、弓箭步挺举或分腿挺举。该练习通过快速有力地弯曲髋关节和膝关节，然后快速地伸展它们，将杠铃从肩部向上推动，同时将身体推向下方。结束练习时杠铃位于头顶正上方，双腿分开，成箭步（弓步）姿势。箭步挺举要求快速伸展髋关节和膝关节，让杠铃快速离开肩部。箭步挺举还涉及髋关节和膝关节的快速用力推动，这样才能将杠铃向上抛出（或挺举起来），然后通过伸直肘部在头顶位置抓接住杠铃，同时双腿分开形成一个弓步姿势。

开始姿势

- 使用高翻或悬垂式高翻练习动作，将杠铃从地面举到肩部，或在深蹲架，将杠铃从肩膀高度的位置举起。
- 挺直站立，双脚站距在髋部宽度与肩部宽度之间，脚尖向前或稍稍向外。
- 将杠铃置于肩部前方后，检查以确保采用均匀的握距，以正握闭握的方式握住杠铃，握距比肩宽略宽。握住杠铃杆的手应保持一定的放松状态。
- 肘部应处在杠铃杆的正下方或稍微向前。
- 所有的重复练习都是从这个姿势开始的。

下沉预蹲（驱动发力阶段的主动准备）

- 保持躯干直立，头部处于中立位置，同时以缓慢到适度的速度弯曲髋关节和膝关节，让杠铃沿着垂直向下的路径移动。不要改变手臂的姿势。
- 下沉预蹲时髋部不应向后移动，而应保持在肩部的正下方。
- 下沉预蹲不是一个全蹲，而是"下降"到一定位置，这个位置不超过1/4蹲或高翻的起始位置；另一个准则是下沉深度不超过运动员身高的10%。

上升运动（驱动发力阶段）

- 在达到下沉的最低位置后，立即反向运动，快速且强有力地伸展髋关节、膝关节和踝关节，将杠铃举到头顶。
- 开始时，杠铃杆需要固定在肩膀上，以便最大限度地利用下肢三关节伸展产生的向上动力。

- 为了完成箭步挺举姿势，需要快速地前后同时移动双脚，且双脚之间有一定的间距，以保持身体的平衡。
- 颈部应该有略微的过度伸展，以便让杠铃从下巴处通过（否则杠铃会撞到面部）。

接杠

箭步挺举允许在肘部完全伸展、双腿处于箭步（弓步）姿势的情况下在头顶上抓住杠铃。

- 通过快速将腿分开成箭步姿势，并在杠铃仍位于上升运动阶段时将身体推到杠铃下方来接住杠铃。
- 这样做的目的是在杠铃达到最高位置且双脚重新接触地面的同时，抓接住杠铃。
- 与开始姿势相比，双脚在重新接触地面时，移动到了一个较宽的分腿站立位置，形成箭步姿势。
- 在双脚以箭步姿重新接触地面时，前脚平放在地面上，而后脚脚跟离开地面。
- 前腿的胫骨和后腿的大腿应该几乎垂直于地面。可以通过这些角度来确定箭步的合适长度和双脚的位置。
- 躯干应保持直立，头部在杠铃杆正下方与脊柱成一直线；眼睛注视前方。

开始姿势

下沉预蹲

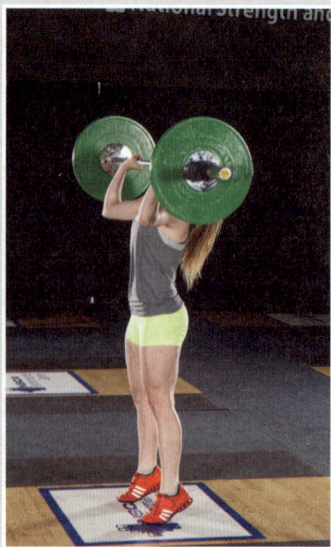

驱动发力

恢复阶段

- 在获得控制和平衡后，前脚向后踏出箭步一半的距离，然后后脚向前踏出箭步一半的距离，使身体站直。双脚应该在箭步一半距离处平行。
- 将杠铃杆保持在头顶、肩部、髋部、膝盖和脚踝的正上方的位置，所有这些部位都与杠铃杆呈垂直排列。

下放动作

- 完成一次练习后，通过逐渐减少手臂的肌肉张力来降低杠铃，使杠铃有控制地下降到肩部。髋关节和膝关节同时弯曲，以缓冲杠铃对肩部的冲击。
- 如果要进行多次练习，请先让身体完全直立，然后按照前面的指导原则让身体回到下沉预蹲姿势。在两次练习之间，不要让杠铃回到地面。
- 完成一组练习时，先将杠铃从肩部降至大腿处，然后将杠铃降至地面（类似于高翻练习）；也可以将杠铃直接放回深蹲架上。

全身训练动作——力量和爆发力练习

接杠　　　　　　中间恢复姿势（前脚移向后）　　　　　　最终恢复姿势（后脚移向前）

第2部分

下半身训练动作

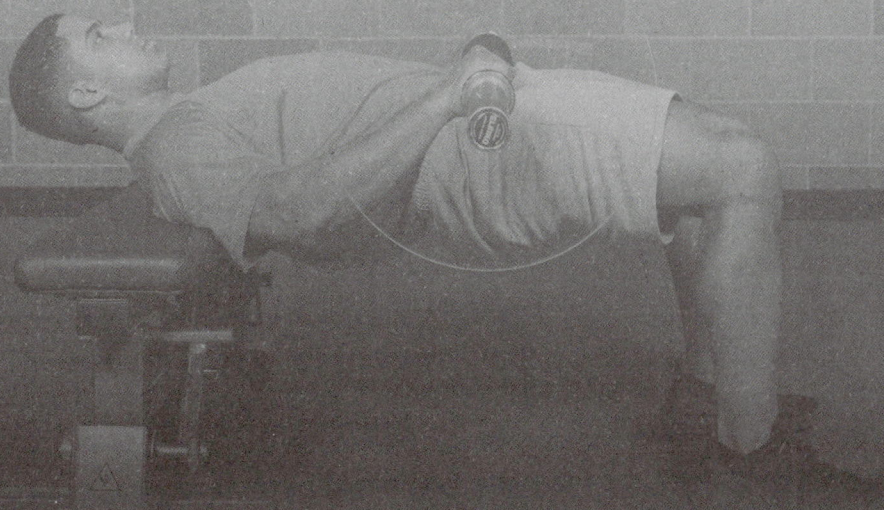

髋部和大腿（多关节）练习

名称	页码	向心运动的描述	肌肉群或身体部位	肌肉
前蹲（颈前深蹲）	47	髋关节伸展	臀肌	臀大肌
			腘绳肌	半膜肌 半腱肌 股二头肌
		伸膝	股四头肌	股外侧肌 股中间肌 股内侧肌 股直肌
后蹲（颈后深蹲）	51	髋关节伸展	臀肌	臀大肌
			腘绳肌	半膜肌 半腱肌 股二头肌
		伸膝	股四头肌	股外侧肌 股中间肌 股内侧肌 股直肌
罗马尼亚硬拉（RDL）	55	髋关节伸展	臀肌	臀大肌
			腘绳肌	半膜肌 半腱肌 股二头肌
硬拉	57	与前蹲（颈前深蹲）和后蹲（颈后深蹲）相同		
上斜蹬腿（训练机）	59	与前蹲（颈前深蹲）和后蹲（颈后深蹲）相同		
坐姿蹬腿（训练机）	61	与前蹲（颈前深蹲）和后蹲（颈后深蹲）相同		
登阶练习	63	与前蹲（颈前深蹲）和后蹲（颈后深蹲）相同		
前跨步弓步	67	与前蹲（颈前深蹲）和后蹲（颈后深蹲）相同，但增加了以下内容		
		髋关节屈曲	（跟进腿）髋关节	股直肌 髂腰肌
		踝关节跖屈	（前导腿）小腿	比目鱼肌 腓肠肌

续表

名称	页码	向心运动的描述	肌肉群或身体部位	肌肉
反向腿弯举	71	膝关节屈曲	腘绳肌	半膜肌 半腱肌 股二头肌
		髋关节伸展	臀肌	臀大肌
		脊柱伸展	竖脊肌*	竖脊肌
杠铃臀冲	73	髋关节伸展**	臀肌	臀大肌
			腘绳肌	半膜肌 半腱肌 股二头肌
单腿哑铃臀冲	74	髋关节伸展**	臀肌	臀大肌
			腘绳肌	半膜肌 半腱肌 股二头肌
单腿（手枪式）深蹲	76	与前蹲（颈前深蹲）和后蹲（颈后深蹲）相同		

图标表示这是一个需要协助者的练习。

*许多参考文献都考虑了用于此练习的竖脊肌稳定器。

**主动膝关节伸展也会发生，但练习的重点是髋关节伸展。

2.1　前蹲（颈前深蹲）

开始姿势（运动员）

- 通过将力量架（深蹲架）的支撑托架或壁架设置到大约肩膀高度，将杠铃杆置于大约腋窝高度，向杠铃方向移动，并将肩部、髋部和脚的前部置于杠铃杆的正下方。
- 采用下面两种手和手臂的姿势之一来抓握杠铃杆。
  较为常见的姿势是平行臂姿势。
  - 采用正握闭握的方式从两侧均衡地抓住杠铃杆，握距比肩略宽。
  - 绕着杠铃杆旋转手臂，将杠铃杆置于三角肌前束和锁骨上方。手背略靠肩膀上方或处于肩膀外侧，紧挨着支撑杠铃杆的三角肌。

平行臂姿势	交叉臂姿势	最低下蹲位置

开始姿势

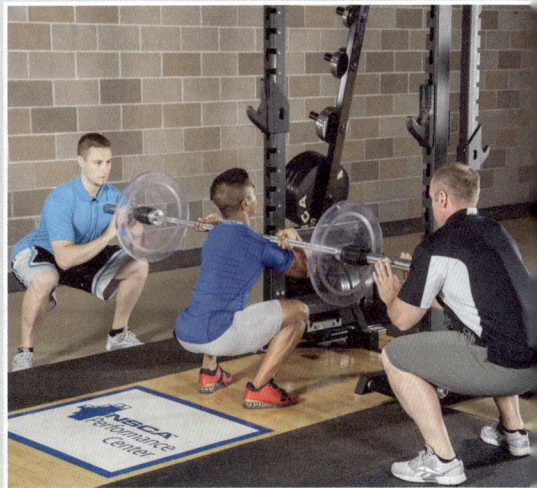

下降运动姿势

- 抬起肘部，将上臂抬至与地面平行。手腕应过度伸展，肘部完全弯曲。

另一种姿势是交叉臂姿势。

- 肘部弯曲，双臂在胸前交叉。
- 调节身体位置，使杠铃杆两侧均衡地放在三角肌前束处，此时手不要碰到杠铃杆。
- 在身体处于正确位置后，再将双手放在杠铃杆的顶部，并使用手指压力使其保持在适当的位置。请注意，这是一种开放式握法，手指将无法环绕住杠铃杆，因为肩部会挡住它。
- 抬起肘部，将上臂抬至与地面平行。

- 两侧肘部都应保持向上和向前抬起，这对将杠铃固定在肩膀上有很大作用。
- 向协助者示意启动练习，伸展髋关节和膝关节，将杠铃从支撑托架或壁架上抬起，然后向后退一步。注意力量架的框架大小，如果在四杆支撑箱式力量架的内侧进行前蹲，可能只有 30 ~ 46 厘米的后退空间。要留出足够的空间（从前到后），以免在练习过程中让杠铃撞到框架。

上升运动姿势　　　　　　　　　架回杠铃

- 双脚分开站立，站距在髋部宽度与肩部宽度之间，脚尖微微向外，使膝盖位于脚部正上方。
- 肩部抬起后，躯干直立，头略微向后倾斜，胸部向上挺起形成中立姿势，或背部略微拱起。
- 所有的重复练习都是从这个姿势开始的。

开始姿势（两名协助者）

- 两名协助者在杠铃的两端站立，双脚分开，与肩同宽，膝关节微屈，躯干挺直。
- 掌心对着杠铃杆，大拇指交叉，双手以环绕的方式各自握住杠铃杆的一端。
- 在运动员发出启动示意时，帮助运动员将杠铃从支撑托架或壁架上抬起并保持平衡。
- 在运动员向后移动的过程中，一起同步移动。
- 平稳顺畅地松手释放杠铃。
- 双手保持在杠铃杆末端下方5~8厘米处。

下降运动（运动员）

- 动作开始时，有控制地、缓慢地弯曲髋关节和膝关节。
- 保持背部中立或略微反弓，保持稳固的手臂姿势；在杠铃下降时，上背部不要拱起或者向前倾斜。
- 眼睛注视前方，视线略高于水平线，头部略微向后倾斜。
- 将身体重心保持在脚的中间和脚跟区域，在下降运动中不要让脚跟抬离地面。
- 膝关节弯曲时，保持膝盖与脚尖方向一致。
- 继续下降，直到发生以下3种情况之一（这些情况决定了最大运动范围或动作的最低下蹲位置）。
  - 大腿与地面平行（如果可以实现的话）。
  - 躯干开始拱起或向前弯曲。
  - 脚跟抬离地面。
- 实际的下蹲深度取决于运动员下肢关节的柔韧性。
- 保持身体处于紧绷、可控的状态，不要上下晃动，或在运动后段放松腿部或躯干。

下半身训练动作

下降运动（两名协助者）

- 保持拇指交叉，在杠铃下降时双手靠近（但不接触）杠铃杆。
- 在跟随杠铃杆移动的过程中，膝关节、髋关节和躯干微屈，同时保持背部中立。

上升运动（运动员）

- 通过伸展髋关节和膝关节，有控制地举起杠铃。
- 保持背部中立或略微反弓，以及稳固的手臂姿势。举起杠铃时，通过略微向后倾斜头部和挺起胸部来抵抗身体前倾的趋势。
- 通过双脚蹬地来向上推起杠铃，身体重心均衡地分布在脚跟和脚掌之间，以保持每只脚都与地面保持接触，且髋部始终位于杠铃杆下方。不要让身体重心向前移动到脚掌位置。
- 保持膝盖和脚跟对齐，不要让膝关节伸展时向内或向外移动。
- 继续以均匀的速度举起杠铃，直到髋关节和膝关节完全伸展，回到开始姿势。
- 完成一组练习后，向协助者发出示意，让他们协助架回杠铃，但要握住杠铃杆，直到杠铃杆两端在支撑托架或壁架上稳定放置。

上升运动（两名协助者）

- 保持拇指交叉，在杠铃上升时双手靠近（但不接触）杠铃杆。
- 在跟随杠铃杆移动的过程中，膝关节、髋关节和躯干微屈，同时保持背部中立。
- 完成一组练习后，运动员发出结束示意后，随着运动员向杠铃架侧移。
- 同时抓住杠铃杆，并在杠铃放回支撑托架的过程中协助运动员保持平衡。
- 平稳地松开杠铃，将其放回。

2.2　后蹲（颈后深蹲）

开始姿势（运动员）

- 借助肩膀高的支撑托架或壁架，将杠铃杆置于大约腋窝高度，向杠铃方向移动，并将颈后下方位置（或中上背部）、髋部和脚置于杠铃杆的正下方。
- 采用以下两种杠铃位置之一来抓握杠铃杆。

  要采用高位杠铃位置进行后蹲，请执行以下操作。

  - 将杠铃杆两侧均衡地放置在斜方肌中部的三角肌后束上方。
  - 采用正握闭握的方式，在两侧均衡地抓住杠铃杆，握距大于肩宽。

高位杠铃位置　　　　低位杠铃位置　　　　最低下蹲位置

采用高位杠铃位置的开始姿势　　　　下降运动的位置

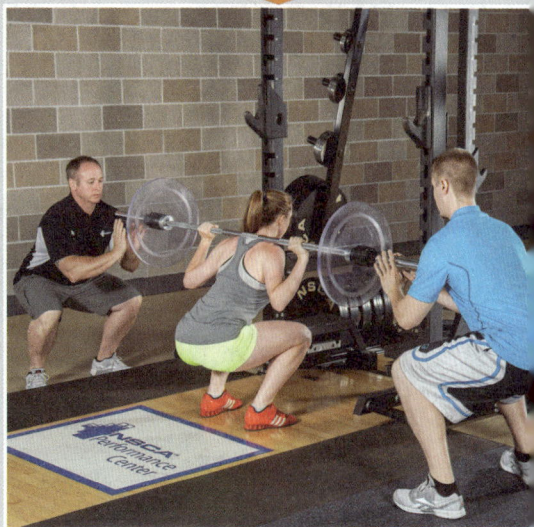

下半身训练动作

- 另一种方式是开放式握法，这种握法可能会让手腕感到更舒适。采用开放式握法时请注意，它对杠铃的控制不如正握闭握方式强。

要采用低位杠铃位置进行后蹲，请执行以下操作。

- 将杠铃杆两侧均衡地放置在颈部底部的三角肌后束的上方。
- 采用正握闭握的方式，在两侧均衡地抓住杠铃杆，握距大于肩宽。对于大多数人来说，采用较宽的握距可以弥补较低的杠铃位置（低位杠铃位置）。

- 无论采用哪种杠铃位置，都需要抬高肘部，用上背部和肩部肌肉形成一个"架子"来支撑杠铃杆（高肘位置可以保持手臂对杠铃杆的压力，防止杠铃从背部滑落）。

- 向协助者示意启动练习，伸展髋关节和膝关节，将杠铃从支撑托架或壁架上抬起，然后向后退一步。注意力量架的框架大小，如果在四杆支撑箱式力量架的内侧进行后蹲，可能只有30～46厘米的后退空间。要留出足够的空间（从前到后），以免在练习过程中让杠铃撞到框架。

上升运动的位置　　　　　　　架回杠铃

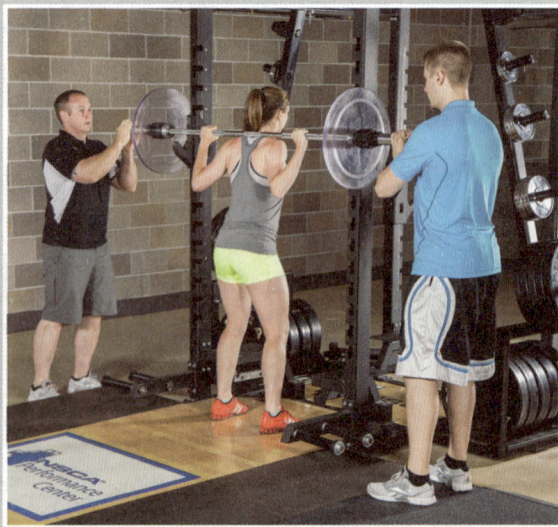

- 双脚分开站立，站距在髋部宽度与肩部宽度之间，脚尖微微向外，使膝盖位于脚部正上方。
- 肩部抬起后，躯干直立，头略微向后倾斜，胸部向上挺起形成中立姿势，或背部略微拱起。
- 所有的重复练习都是从这个姿势开始的。

开始姿势（两名协助者）

- 两名协助者在杠铃的两端站立，双脚分开，与肩同宽，膝关节微屈，躯干挺直。
- 掌心对着杠铃杆，大拇指交叉，双手以环绕的方式各自握住杠铃杆的一端。
- 在运动员发出启动示意时，帮助运动员将杠铃从支撑托架或壁架上抬起并保持平衡。
- 在运动员向后移动的过程中，一起同步移动。
- 平稳顺畅地松手释放杠铃。
- 双手保持在杠铃杆末端下方5～8厘米处。

下降运动（运动员）

- 动作开始时，有控制地、缓慢地弯曲髋关节和膝关节。
- 保持背部中立或略微反弓，手肘位于高位；在杠铃下降时，上背部不要拱起或者向前倾斜。
- 眼睛注视前方，视线略高于水平线，头部略微向后倾斜。
- 将身体重心保持在脚的中间和脚跟区域，在下降运动中不要让脚跟抬离地面。
- 弯曲膝关节时，保持膝盖与脚尖方向一致。
- 继续下降运动，直到发生以下3种情况之一（这些情况决定了最大运动范围或动作的最低下蹲位置）。
  - 大腿与地面平行（如果可以实现的话）。
  - 躯干开始拱起或向前弯曲。
  - 脚跟抬离地面。
- 实际的下蹲深度取决于运动员下肢关节的柔韧性。
- 保持身体处于紧绷、可控的状态，不要上下晃动，或在运动后段放松腿部或躯干。

下半身训练动作

下降运动（两名协助者）

- 保持拇指交叉，在杠铃下降时双手靠近（但不接触）杠铃杆。
- 在跟随杠铃杆移动的过程中，膝关节、髋关节和躯干微屈，同时保持背部中立。

上升运动（运动员）

- 通过伸展髋关节和膝关节，有控制地举起杠铃。
- 保持背部中立或略微反弓，肘部始终处于高位。举起杠铃时，通过略微向后倾斜头部和挺起胸部来抵抗身体前倾的趋势。
- 通过双脚蹬地来向上推起杠铃，身体重心均衡地分布在脚跟和脚掌之间，以保持每只脚都与地面保持接触，且髋部始终位于杠铃杆下方。不要让身体重心向前移动到脚掌位置。
- 保持膝盖和脚跟对齐，不要让膝关节伸展时向内或向外移动。
- 继续以均匀的速度举起杠铃，直到髋关节和膝关节完全伸展，回到开始姿势。
- 完成一组练习后，向协助者发出示意，让他们协助架回杠铃，但要握住杠铃杆，直到杠铃杆两端在支撑托架或壁架上稳定放置。

上升运动（两名协助者）

- 保持拇指交叉，在杠铃上升时双手靠近（但不接触）杠铃杆。
- 在跟随杠铃杆移动的过程中，膝关节、髋关节和躯干微屈，同时保持背部中立。
- 完成一组练习后，运动员发出结束示意后，随着运动员向杠铃架侧移。
- 同时抓住杠铃杆，并在杠铃放回支撑托架的过程中协助运动员保持平衡。
- 平稳地松开杠铃，将其放回。

2.3　罗马尼亚硬拉（RDL）

开始姿势

- 采用正握闭握的方式抓住杠铃杆，可以采用高翻握法或抓举握法。
- 遵循硬拉练习的开始姿势和上升运动准则（参见练习2.4），进入这个练习的正确开始姿势，但有一个重要例外：在下降运动和上升运动中，膝关节略微弯曲，并在整个练习中始终保持这个姿势。
- 所有的重复练习都是从这个姿势开始的。

高翻握法　　　　抓举握法

起始位置

底部位置

下降运动

- 通过缓慢降低杠铃，开始下降运动，并确保杠铃杆尽可能地靠近身体。
- 随着杠铃杆的下降，髋关节弯曲并向后移动。
- 保持手臂伸直并放松，让下肢来承载负荷。
- 当髋部向后移动时，膝关节始终保持略微弯曲。
- 当髋部向后移动时，肩部向前移动，并保持在杠铃杆的正上方或前方。
- 随着杠铃的降低，身体重心开始从脚掌向脚跟移动。
- 将杠铃杆降到膝盖下方，降至小腿胫骨粗隆处，或直到无法保持脊柱中立为止。

上升运动

- 一旦杠铃到达最低点，则伸展髋关节，开始进行上升运动。
- 杠铃杆应尽可能地靠近身体。
- 髋关节在伸展时向前移动，而肩膀在躯干向垂直位置移动时向后移动。
- 保持手臂伸直并放松，让下肢来承载负荷。
- 举起杠铃时，身体重心开始从脚跟向脚掌移动。
- 继续上升运动，直到身体回到开始姿势。

2.4　硬拉

开始姿势

　　此练习的开始姿势与高翻相同。一种常见的握法变式是一只手的掌心向上，另一只手的掌心向下（通常情况下，向下正握的那只手是主导手），这种握法称为正反握或交替握。正反握并不是此练习所必需的，它只是为了提升在较重负荷下抓握杠铃杆的能力。然而，很多人仍然会采用正握加腕带辅助的方式来提升对杠铃杆的抓握能力。文中示例照片展示的是典型的正握方式。

- 下蹲，髋部低于肩部，以闭握的方式在两侧均衡地握住杠铃杆，握距与肩同宽（或稍宽于肩）。
- 双脚分开站立，站距在髋部宽度与肩部宽度之间，脚尖微微向外，使膝盖位于脚部正上方。
- 将手臂放在膝盖外侧，肘部完全伸展并朝向两侧。
- 将杠铃杆放在小腿前约3厘米处（应该比示例照片中看到的要远），且在前脚掌正上方。

开始姿势

中间姿势

结束姿势

- 在提起杠铃之前，遵守身体预备姿势和举重指南，将身体置于正确的位置。躯干、髋部、膝盖和杠铃杆的确切位置与身段长度和下肢关节的柔韧性有关。
- 所有的重复练习都是从这个姿势开始的。

上升运动

- 开始练习时，有控制地、缓慢地伸展膝关节和髋关节。保持躯干与地面的角度不变，不要让髋部先于或快于肩部上升，并保持背部中立或略微拱起。
- 肘部应完全伸展，头部与脊柱保持中立，肩部位于杠铃杆正上方或稍微向前。
- 在上升运动中，保持杠铃杆尽可能靠近胫骨，并将身体重心稍微移至脚跟。
- 一旦杠铃杆上升到膝盖上方，就将身体重心向前转移到脚掌，脚跟仍与地面保持接触。
- 保持背部中立（或略微拱起），肘部完全伸展并指向两侧，肩部位于杠铃杆正上方或稍微向前，头部与脊柱保持中立。
- 继续伸展髋关节和膝关节，直到身体完全挺直，躯干呈直立姿势。

下降运动

- 以相同的速度缓慢弯曲髋关节和膝关节，有控制地将杠铃放回地面。
- 在下降运动中，让杠铃杆尽可能地靠近大腿和小腿。
- 保持背部中立（或略微拱起），肘部完全伸展并指向两侧，肩部位于杠铃杆正上方或稍微向前，头部与脊柱保持中立。
- 让杠铃片接触到地面，然后立即（没有停顿）将杠铃重新提起，以进行下一次练习。

2.5　上斜蹬腿（训练机）

开始姿势

- 上斜蹬腿（Hip Sled）的直译为髋部雪橇，也叫作上斜腿部推举或倒蹬机腿举，一般用专门的训练机（器械）来进行。
- 靠坐在上斜蹬腿器械内，头部、背部、髋部和臀部均衡地压在各自的垫子上（即位于垫子中心处，而不是左侧或右侧）。有些器械有肩垫，允许运动员将肩膀楔入肩垫下方。
- 头部、背部、髋部和臀部都必须牢牢地靠在垫子上，以便为脊柱和腰部提供最大的支撑。如果器械背垫的角度是可调节的，当双脚正确放在脚踏板上且膝关节完全伸直时，可以将背垫向上或向下移动，使躯干和腿大约成90度夹角。
- 双脚分开，间距在髋部宽度与肩部宽度之间，平放在脚踏板上，脚尖略微向外。必须以同样的方式定位双脚——左脚和脚踏板左侧之间的空间应该与右脚和脚踏板右侧之间的空间相同。此外，双脚应该有相同的脚尖外向角度。
  - 让双腿保持平行。
  - 抓住手柄或机架，同时伸展髋关节和膝关节，将脚踏板抬高3~5厘米。

脚的位置

起始位置

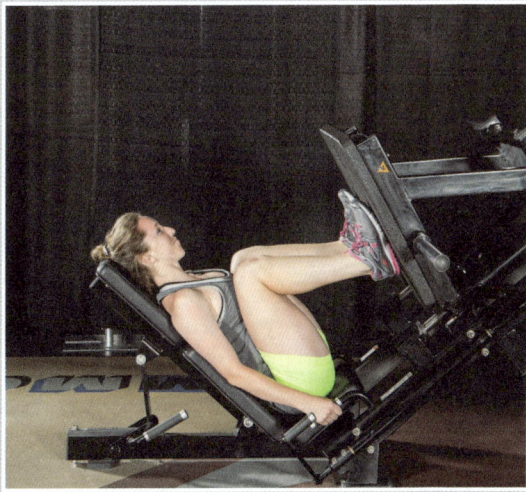

底部位置

下半身训练动作

下
半
身
训
练
动
作

- 让髋部和臀部保持在座位上，在抬高脚踏板时，背部紧紧地、均衡地靠在背垫上。
- 解除脚踏板的锁定支撑装置。器械设定装置有很多类型，但大多数器械会在身体附近有一两个可以向外转动或移动的操控手柄。
- 解除脚踏板的锁定支撑装置后，再次抓住手柄或机架，将身体牢牢固定住。
- 伸展髋关节和膝关节（但不要锁住膝盖），将脚踏板推到起始位置。
- 下肢在为脚踏板提供支撑时保持固定。
- 所有的重复练习都是从这个姿势开始的。

下降运动

- 开始做练习时，有控制地慢慢弯曲髋关节和膝关节。
- 让髋部和臀部保持在座位上，背部紧紧地、均衡地靠在背垫上。
- 双腿保持平行，任何偏差都会给腰部和膝盖带来不必要的压力。弯曲膝关节时，保持膝盖与脚尖方向一致。
- 继续下降运动，直到发生以下 4 种情况之一（这些情况决定了最大运动范围或底部位置）。
  1. 大腿与脚踏板保持平行（如果可以实现的话）。
  2. 臀部与座椅失去接触。
  3. 髋部从背垫上卷起。
  4. 脚跟从脚踏板上抬离。
- 运动范围的大小取决于脊柱、髋关节、膝关节和踝关节的灵活程度，以及器械的设计特点和调节能力。
- 不要在运动后段放松腿部或躯干，也不要快速蹬起脚踏板以进行下一次练习。

上升运动

- 通过伸展髋关节和膝关节，有控制地将脚踏板向上推。双脚应平放在脚踏板上。
- 让髋部和臀部保持在座位上，背部紧紧地、均衡地靠在背垫上。不要移动髋部，或让臀部与座椅失去接触。
- 双腿保持平行，不要让膝关节在伸展时向内外两侧移动。
- 继续向上推动脚踏板，直到膝关节完全伸展，但不要用力锁住膝盖。
- 完成一组练习后，稍微弯曲髋关节和膝关节，将锁定支撑装置放回原位，同时降低脚踏板，直到它完全在锁定支撑位置后，再站起来并离开器械。

2.6　坐姿蹬腿（训练机）

开始姿势

- 坐姿蹬腿（Seated Leg Press）也叫作坐姿腿部推举或坐姿腿举。
- 靠坐在专门的坐姿蹬腿训练机（器械）上，头部、背部、髋部和臀部均衡地压在各自的垫子上（即坐在垫子中心，而不是左侧或右侧）。
- 头部、背部、髋部和臀部都必须牢牢地靠在垫子上，以便为脊柱和腰部提供最大的支撑。如果脚踏板或座椅的水平位置可调节，请自行将其向前或向后调节，调节至大腿与脚踏板平行。
- 双脚分开，间距在髋部宽度与肩部宽度之间，平放在脚踏板上，脚尖略微向外。必须以同样的方式定位双脚——左脚和脚踏板左侧之间的空间应该与右脚和脚踏板右侧之间的空间相同。此外，双脚应该有相同的脚尖外向角度。
- 两侧腿对称平行放置。
- 抓住手柄或座椅两侧。
- 所有的重复练习都是从这个姿势开始的。

下半身训练动作

开始姿势

结束姿势

向前运动

- 开始做练习时，有控制地慢慢伸展髋关节和膝关节，将脚踏板向前推。（请注意，在某些器械中，脚踏板是固定的，在此阶段座椅会向后移动。）双脚应平放在脚踏板上。
- 保持头部、肩部、背部、髋部和臀部均衡地靠在各自的垫子上，不要移动髋部，或让臀部失去与坐垫的接触。
- 双腿保持平行，不要让膝关节在伸展时向内或向外移动。
- 继续向前运动，直到膝关节完全伸展，但不要用力锁住膝盖。

向后运动

- 让髋关节和膝关节慢慢弯曲，使脚踏板回到起始位置。
- 保持头部、肩部、背部、髋部和臀部均衡地靠在各自的垫子上。
- 双腿保持平行，任何偏移都会给腰部和膝盖带来不必要的压力。当膝关节弯曲时，膝盖与脚尖方向保持一致。
- 继续弯曲髋关节和膝关节，直到大腿与脚踏板平行。
- 在完成一组动作后，松开手柄或座椅两侧，离开器械。

2.7　登阶练习

　　登阶（Step-Up）也叫作杠铃登阶或者杠铃上跨步。用于此练习的箱子顶部应该有一个平面区域，允许运动员将整只脚都放上去，且脚跟后面和脚趾前面有一定的额外空间。箱子的高度应为 30 ~ 46 厘米，或者足够高，使得前侧脚踩在箱子上时，膝关节和髋关节处会形成 90 度角。此外，箱子应放在防滑地板上，并具有防滑顶面。注意，为了提供动作技术的最佳视图，这里的示意照片中并没有显示力量架。

开始姿势（运动员）

- 将杠铃杆放在力量架的外侧，置于腋窝高度。向杠铃方向移动，并将颈后下方位置（中上背部）、髋部和双脚置于杠铃杆的正下方。
- 将杠铃杆两侧均衡地放在颈部下面三角肌后束的上方（如练习2.2中的高位杠铃位置所示）。
- 采用正握闭握的方式在两侧均衡地抓住杠铃杆，握距略大于肩宽。
- 抬高肘部，用上背部和肩部肌肉形成一个架子来支撑杠铃杆（高肘位置可以保持手臂对杠铃杆的压力，防止杠铃从背部滑落）。
- 向协助者示意启动练习，伸展髋关节和膝关节，将杠铃从支撑托架或壁架上抬起，移动到靠近箱子前面的位置。
- 双脚分开，与髋部同宽，脚尖指向前方。
- 所有的重复练习都是从这个姿势开始的。

开始姿势（协助者）

- 站直身体并靠近运动员身后（但不要靠得太近，以免分散运动员的注意力）。
- 双脚分开，与肩同宽，膝关节略微弯曲。
- 在运动员发出启动示意时，协助运动员将杠铃从支撑托架或壁架上抬起并保持平衡。
- 在运动员移动到起始位置的过程中，同步移动。
- 运动员就位后，协助者采取双脚与髋部同宽的站姿，双膝略微弯曲，躯干直立。
- 将双手放在运动员的髋部或腰部附近。

上升运动（运动员）

- 开始做练习时，用一侧腿（导向腿）进行登阶练习。导向脚与箱顶的初始接触必须由整只脚来完成，不要让脚跟悬在箱子的边缘。

- 保持躯干直立，不要向前倾斜。
- 另一侧腿（跟进腿）保持在起始位置，将身体重心转移到导向腿。
- 用力伸展导向腿的髋关节和膝关节，蹬起身体，向上站到箱子上；不要用跟进腿将身体推离箱子或让身体跳起。
- 当箱子上的导向腿髋关节和膝关节完全伸展时，将跟进脚抬起，并将其放在导向脚旁边。
- 在最高位置站直身体并停顿，然后开始进行下降运动。

上升运动（协助者）

- 当运动员踏上箱子时，用导向腿向前迈出一小步。
- 当运动员达到最高位置时，将跟进腿向前移至导向腿旁边。
- 双手尽可能靠近运动员的髋部或腰部附近。
- 仅在必要时协助运动员保持平衡。

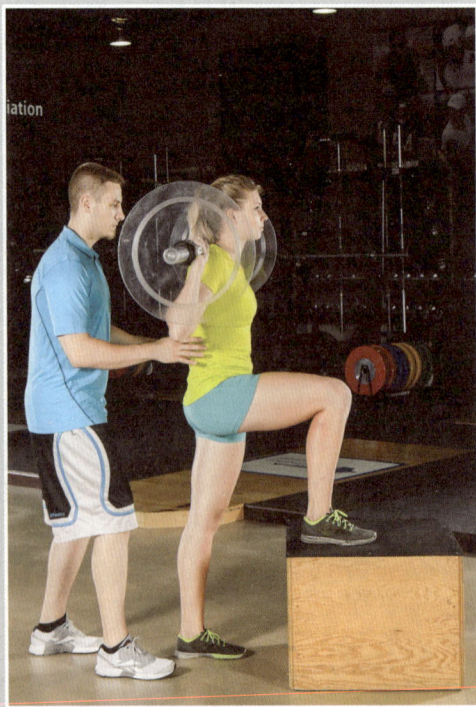

开始姿势　　　　　　　　　　　　导向脚踏上箱顶

下降运动（运动员）

- 将身体的重心转移到导向腿上。
- 用跟进腿离开箱子。
- 保持躯干直立。
- 将跟进脚放在地面上，与起始位置相同。
- 当跟进脚与地面完全接触时，将身体的重心转移到跟进腿上。
- 导向腿离开箱子。
- 将导向脚收回到跟进脚旁边的位置。
- 在起始位置站直，稍做停顿，让身体完全平衡，然后换另一侧腿作为导向腿，用新的导向腿重复这个动作（有些运动员可能会从重复动作"上—上—下—下"中受益，以帮助正确完成练习）。
- 完成一组练习后，向协助者发出示意，让其协助架回杠铃，但要握住杠铃杆，直到杠铃两端在支撑托架或壁架上稳定放置。

上升运动的中间姿势

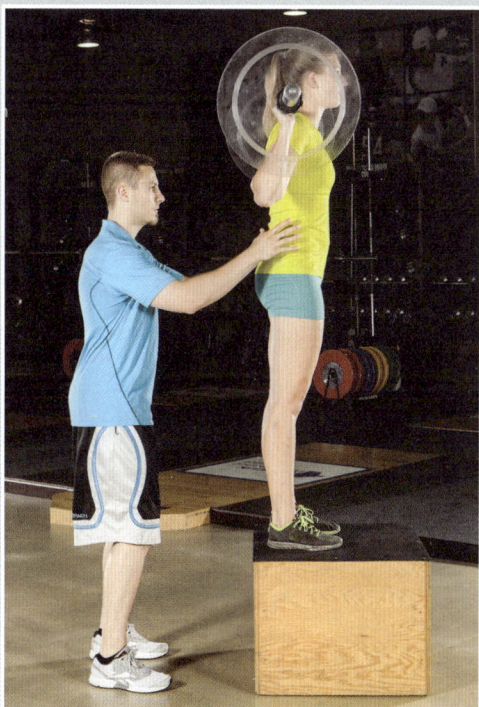

上升运动的完成姿势

下降运动（协助者）

- 在运动员用跟进腿回到地面时，用相同的跟进腿向后退一小步。
- 当运动员用导向腿离开箱子时，用同一导向腿向后退一小步。
- 双手放在运动员的髋部或腰部附近。
- 在起始位置站直，等待运动员启动，同时相应地换另一条腿作为导向腿辅助练习。
- 仅在必要时协助运动员保持平衡。
- 在完成一组练习后，在运动员示意后，协助运动员架回杠铃。

2.8　前跨步弓步

　　这个练习可以在多个方向上以多种方式进行。对于许多人来说，以自重作为负荷进行这项练习就足够了。训练有素的运动员可以使用杠铃（如下所述）来增加阻力。另一种方法是在两侧握住一对哑铃进行练习。如果在肩部平衡杠铃太困难，或者没有经验丰富的协助者，这样做特别有帮助。在任何情况下，此练习都需要一个大的（或至少是足够长的）地面空间。注意，为了提供动作技术的最佳视图，这里的示意照片中并没有显示力量架。

开始姿势（运动员）

- 将杠铃杆放在力量架的外侧，置于腋窝高度。向杠铃方向移动，并将脖子底部（或中上背部）、髋部和双脚置于杠铃杆的正下方。
- 将杠铃杆两侧均衡地放在颈部下面三角肌后束的上方（如练习2.2中的高位杠铃位置所示）。
- 采用正握闭握的方式在两侧均衡地抓住杠铃杆，握距略大于肩宽。
- 抬高肘部，用上背部和肩部肌肉形成一个架子来支撑杠铃杆（高肘位置可以保持手臂对杠铃杆的压力，防止杠铃从背部滑落）。
- 向协助者示意启动练习，伸展髋关节和膝关节，将杠铃从支撑托架或壁架上抬起。向后退两三步。
- 双脚分开，与髋部同宽，脚尖指向前方。
- 所有的重复练习都是从这个姿势开始的。

开始姿势（协助者）

- 站直身体并靠近运动员身后（但不要靠得太近，以免分散运动员的注意力）。
- 双脚分开，与肩同宽，膝关节略微弯曲。
- 在运动员发出启动示意时，协助运动员将杠铃从支撑托架或壁架上抬起并保持平衡。
- 在运动员移动到起始位置的过程中，同步移动。
- 运动员就位后，协助者采取与髋部同宽的站姿，双膝略微弯曲，躯干直立。
- 将双手放在运动员的髋部或腰部附近。

向前运动（运动员）

- 开始做练习时，一侧腿向前迈出一大步，这条腿称为导向腿。

- 在导向脚向前移动并接触地面的过程中，保持躯干挺直，并收紧手臂。后侧脚保持在起始位置，但随着导向脚向前迈进，身体重心转移到后侧脚的脚掌上，后侧脚的膝关节可以微屈。
- 将导向脚平放在地面上，脚尖指向前方或微微向内。为了保持身体平衡，导向脚需要从其初始位置直线向前，并且脚踝、膝盖和髋部必须在一个垂直平面上。不要偏左或偏右迈步，也不要让膝关节向内或向外移动。
- 在身体重心转移到双脚并达到稳定后，弯曲导向腿膝关节，以便向地面方向降低后侧腿膝关节。
- 保持躯干直立，肩部向后，头部朝前。躯干重心落在后侧腿上，不要向前倾斜或使头向下看。
- 理想的最低位身体姿势是，后侧腿膝盖离地面3～5厘米，导向腿膝关节弯曲至约90度，导向腿的小腿垂直于地面，导向脚平放在地面上。

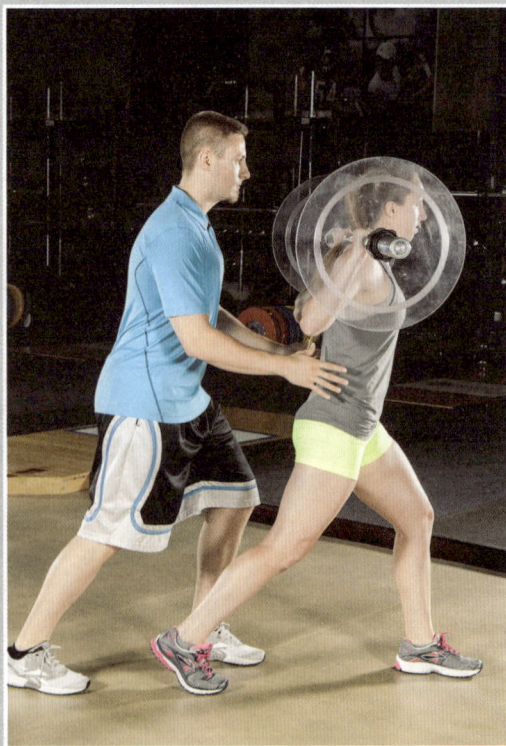

开始姿势　　　　　　　　　　　　　　　向前运动的开始姿势

导向腿的膝盖不能超过导向脚的脚趾。实际的弓步深度主要取决于髋关节的柔韧性，特别是髂腰肌的柔韧性。

- 后侧脚的脚踝完全背屈，脚趾完全伸展。

向前运动（协助者）

- 用与运动员相同的导向腿向前迈进一步。
- 保持导向腿的膝盖和脚与运动员的导向腿的膝盖和脚对齐。
- 将导向脚放在运动员的导向脚后面30～46厘米处（应该比示例照片中看到的要近）。
- 当运动员弯曲导向腿膝关节时，协助者也随之弯曲导向腿膝关节。
- 保持躯干挺直。
- 将双手放在运动员的髋部或腰部附近。
- 仅在必要时协助运动员保持平衡。

下半身训练动作

向前运动的完成姿势（单腿）

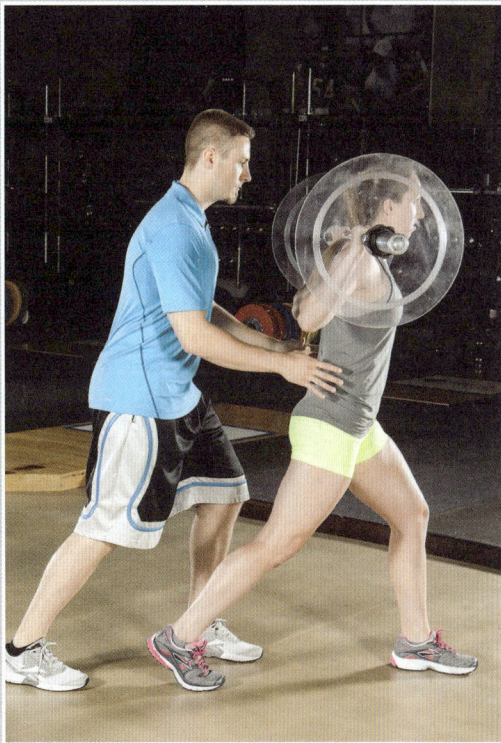

向后运动的中间姿势

向后运动（运动员）

- 将身体重心向前移动到导向脚，通过导向腿膝关节和髋关节的伸展及脚踝的跖屈，将导向脚用力推离地面。不要用力挺上背部，保持其处于垂直位即可。
- 当导向脚向后侧脚移动时，将身体重心移回后侧脚。此动作会使后侧脚的脚跟重新与地面接触。
- 将导向脚向后移动，移动到后侧脚的旁边，注意不要以小碎步后退。
- 当导向脚在其起始位置平放在地面上时，将身体重心均衡地分布到两只脚上。躯干和开始姿势一样保持直立。
- 在起始位置站直，稍作停顿，让身体完全平衡，然后将另一侧腿作为导向腿，用新的导向腿重复这个动作。
- 一些运动员可能会受益于在重复过程中把整个动作分解成更小的部分，以帮助正确地进行练习。
  - 向前一步。
  - 放下前侧的导向脚。
  - 弓步向下再起来。
  - 站直身体。
  - 推离回到原位。
- 完成一组练习后，向协助者发出示意，让他们协助架回杠铃，但要握住杠铃杆，直到杠铃两端在支撑托架或壁架上稳定放置。

向后运动（协助者）

- 与运动员一起，用导向腿后推身体。
- 将导向脚收回到后侧脚旁边的位置，注意不要以小碎步后退。
- 将双手放在运动员的髋部或腰部附近。
- 在起始位置站直，等待运动员启动，同时换另一条腿作为导向腿辅助练习。
- 仅在必要时协助运动员保持平衡。
- 在完成一组练习后，在运动员示意后，协助运动员架回杠铃。

2.9　反向腿弯举

开始姿势

- 反向腿弯举（Glute Ham Raise，GHR）通常也译为反向臀腿起。
- 开始时，将身体放在臀腘训练凳上，脚踝位于脚踝滚垫之间，双脚平放在脚踏板上，大腿（膝盖上方部分）压靠在大腿垫上。
- 膝关节弯曲至约90度，使上半身垂直于地面。
- 肩、髋和膝应处于中立位置，与头部垂直对齐。
- 双臂交叉在胸前。

下降运动

- 通过慢慢地伸展膝关节，开始进行下降运动。
- 肩、髋和膝保持对齐，双臂仍交叉在胸前。

起始位置

平行位置

底部位置

下半身训练动作

- 当成直线的躯干和大腿接近平行于地面时，弯曲髋关节，膝关节完全伸直。这样做会让大腿在大腿垫上移动，髋关节就可以在垫子的顶部弯曲。这时，上半身可以继续向下移动，直到几乎与地面垂直为止。
- 在最低点时，肩部和髋部仍然处于中立位，并与头部对齐。

上升运动

- 通过伸展髋部开始进行上升运动。
- 保持髋部与肩部对齐。
- 当躯干和大腿与地面平行时，弯曲膝关节，让大腿在大腿垫上移动，这样髋部就可以伸展到大腿垫的顶部。
- 继续伸展髋部，并屈膝至约90度，使上半身挺起回到起始位置。

2.10　杠铃臀冲

开始姿势

- 在地面上采用大腿与躯干相垂直的坐姿，上背部紧紧靠在训练凳的长边上（要确保训练凳是固定的，在练习的过程中不会移动）。
- 在腿上滚动配重的杠铃，用正握宽距握法抓住杠铃杆，并将杠铃杆放在髋部上方。
- 髋关节和膝关节弯曲到大约90度，双脚平放在地面上，间距与肩同宽。
- 注意，可以在杠铃杆下面放置一个垫子，以减少由于髋部直接承重引起的不适。
- 所有的重复练习都是从这个姿势开始的。

上升运动

- 保持双脚平放在地面上的同时，伸展髋部，将杠铃抬起（膝关节也会伸展，但肌肉力量应该集中在伸髋肌群上）。
- 用上背部作为支点，同时将背部牢牢压靠在训练凳上。
- 继续伸展髋部，直到躯干和大腿与地面平行。

下降运动

- 使用上背部作为支点，让髋关节和膝关节慢慢弯曲，回到起始位置。
- 保持背部中立，并且肩胛骨与训练凳保持接触。
- 继续降低杠铃，直到臀部刚好接触地面；然后进行下一次练习。

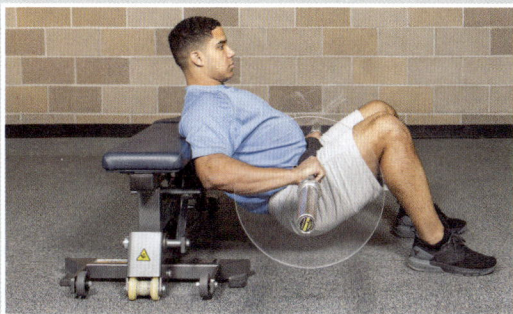

开始姿势

结束姿势

2.11 单腿哑铃臀冲

开始姿势

- 在地面上采用练习腿与躯干相垂直的坐姿，上背部紧紧靠在训练凳的长边上（要确保训练凳是固定的，在进行练习的过程中不会移动）。
- 练习腿膝关节弯曲到大约90度，相应的脚平放在地面上。
- 将负荷（如哑铃、壶铃、配重片或沙袋）放在练习腿的髋部上方。可以在负荷下放置一个垫子，以减少潜在的不适。
- 所有的重复练习都是从这个姿势开始的。

开始姿势

结束姿势（单腿）

上升运动

- 将练习脚平放在地面上的同时，伸展髋部以抬起负荷（练习腿的膝关节也会伸展，但肌肉力量应该集中在伸髋肌群上）。
- 进行上升运动时，将练习未涉及的腿与练习腿同时抬起和放下，以帮助将负荷保持在适当位置。
- 用上背部作为支点，同时将背部牢牢压靠在训练凳上。
- 继续伸展髋关节，直到躯干和大腿与地面平行。

下降运动

- 使用上背部作为支点，让髋关节和膝关节慢慢弯曲，回到起始位置。
- 保持背部中立，并且肩胛骨与训练凳保持接触。
- 继续降低负荷，直到臀部刚好接触地面；然后进行下一次练习。

2.12 单腿（手枪式）深蹲

开始姿势

- 一只脚站在30~61厘米的箱子边缘，另一只脚悬空于箱子边缘。
- 向前伸展手臂以保持平衡。
- 所有的重复练习都是从这个姿势开始的。

下降运动

- 髋部后推的同时，支撑腿屈膝下蹲。
- 降低髋部，至少达到支撑腿的大腿与地面平行的位置（示意照片显示了一个训练有素的人的动作幅度）。

上升运动

- 伸展支撑腿的膝关节和髋关节，回到开始姿势。
- 在一组练习结束后，换另一条腿重复此练习。

起始位置

底部位置（单腿）

髋部和大腿（单关节）练习

名称	页码	向心运动的描述	肌肉群或身体部位	肌肉
北欧式腘绳肌弯举	78	膝关节屈曲	腘绳肌	半膜肌 半腱肌 股二头肌
直腿硬拉	80	髋关节伸展	臀肌	臀大肌
			腘绳肌	半膜肌 半腱肌 股二头肌
		脊柱伸展	竖脊肌*	竖脊肌
杠铃早安式	82	髋关节伸展	腘绳肌	半膜肌 半腱肌 股二头肌
			臀肌	臀大肌
		脊柱伸展	竖脊肌*	竖脊肌
腿（膝）伸展 （训练机）	84	伸膝	股四头肌	股外侧肌 股中间肌 股内侧肌 股直肌
坐姿腿（膝）弯举 （训练机）	86	膝关节屈曲	腘绳肌	半膜肌 半腱肌 股二头肌
俯卧腿（膝）弯举 （训练机）	88	与坐姿腿（膝）弯举（训练机）相同		

*许多参考文献都考虑了用于这两个练习的竖脊肌稳定器。

2.13　北欧式腘绳肌弯举

开始姿势

- 该练习可通过一个协助者辅助，或通过能将脚踝、脚和小腿固定在一个稳定位置的设备来完成。
- 以双膝跪在垫子上的姿势开始，脚踝弯曲，脚趾伸向地面。
- 通过协助者或设备将脚踝、脚和小腿固定在一个稳定位置。
- 躯干保持直立，髋关节伸直，臀部收紧。
- 耳朵、髋部和膝盖形成一条直线，骨盆处于中立支撑位。
- 肩部向后靠，手臂放在大腿两侧或前面。
- 所有的重复练习都是从这个姿势开始的。

开始姿势

下降运动

下降运动

- 按如上所述支撑躯干，并让膝关节慢慢伸展，以便上半身缓缓向前靠近地面。
- 保持臀部收缩，并利用腘绳肌和整个身体后链来控制身体向地面下落的速度。
- 在下降运动的最后阶段，当身体接近地面时，向前伸手，并将双手放在地面上以使身体减速，就像做俯卧撑一样。
- 尽可能将身体降低到离地面5厘米以内。

上升运动

- 通过俯卧撑动作开始进行上升运动，迫使身体向后移动到起始位置。
- 同一时刻，收缩腘绳肌，将固定的躯干拉回到起始位置。
- 身体一旦回到起始位置，则完成了一次练习。

下半身训练动作

底部俯卧撑姿势

2.14 直腿硬拉

训练有素的运动员可以站在一个高台上，通过更大的活动范围来进行这项练习，这样运动员就可以进一步降低杠铃杆，使其触碰到脚背，而不是让杠铃片触碰到地面。请注意，这样做要求腘绳肌、臀肌和下腰背有极强的灵活性，因此大多数人不应该使用高台辅助练习。通常运动员进行这个练习时，站在地面上，安全地将杠铃杆降到膝盖或小腿中部即可。

开始姿势

- 参考身体预备姿势和举重指南，将身体置于正确的位置，将杠铃杆从地面上提起。
- 遵循硬拉练习的开始姿势和上升运动准则（参见练习2.4），进入这个练习的正确开始姿势，但有一个重要例外：在下降和上升运动中，膝关节略微弯曲并保持这个姿势。
- 所有的重复练习都是从这个姿势开始的。

起始位置

底部位置

下降运动

- 开始做练习时，背部保持中立（或略微拱起），然后有控制地、缓慢地向前弯曲髋关节。
- 在下降过程中，保持膝关节略微弯曲，背部中立（或略微拱起），肘部完全伸展。
- 继续进行下降运动，直到发生以下4种情况之一（这些情况决定了最大运动范围或底部位置）。
  - 杠铃片接触到地面（或者杠铃杆接触到站在高台上的训练有素的运动员的脚）。
  - 背部无法保持中立（略微拱起）。
  - 膝关节完全伸展。
  - 脚跟抬离地面。
- 保持身体紧绷，处于可控状态，不要上下晃动或在动作后段放松躯干。

上升运动

- 通过伸髋来提升杠铃。
- 在上升运动中，保持膝关节略微弯曲的姿势，背部中立（或略微拱起），肘部完全伸展。
- 继续进行上升运动，直至回到开始姿势。
- 在完成一组练习后，以相同的速度缓慢弯曲髋关节和膝关节（以保持躯干直立），有控制地下蹲并将杠铃放回地面。

2.15　杠铃早安式

开始姿势

　　注意，为了清楚呈现动作技术的最佳视图，这里的示例照片中没有显示深蹲架。

- 将杠铃杆放在深蹲架的外侧，置于腋窝高度。向杠铃方向移动，并将颈后下方位置（或中上背部）、髋部和双脚置于杠铃杆的正下方。
- 将杠铃杆两侧均衡地放在颈部下面三角肌后束的上方（如后蹲练习中的高位杠铃位置所示）。
- 采用正握闭握的方式在两侧均衡地抓住杠铃杆，握距略大于肩宽。
- 抬高肘部，用上背部和肩部肌肉形成一个架子来支撑杠铃杆（高肘位置可以保持手臂对杠铃杆的压力，防止杠铃从背部滑落）。

起始位置

底部位置

- 伸展髋关节和膝关节，将杠铃从支撑托架或壁架上抬起，然后向后退一步（要注意深蹲架周围的任何空间限制）。
- 让身体处于以下姿势：
  - 双脚分开，间距在髋部宽度和肩部宽度之间；
  - 膝关节略微弯曲；
  - 脚尖略微向外倾斜（约10度）；
  - 躯干直立，肩部向后，头部略微向后倾斜，胸部向上和向外挺起，让背部处于中立位置（或略微拱起）；
  - 肘部抬起，使杠铃保持在适当位置。
- 所有的重复练习都是从这个姿势开始的。

下降运动

- 开始做练习时，有控制地慢慢弯曲髋关节。下降过程中，臀部应向后移动，膝关节应保持微屈。
- 保持背部中立（或略微拱起），手肘位于高位，头部略微向后倾斜。
- 不要让脚跟抬离地面。
- 继续进行下降运动，直到躯干与地面接近平行。如果无法到达平行位置，则在能保持正确技术的动作范围内继续练习。
- 保持身体紧绷，处于可控状态，不要晃动或在动作后段放松躯干。

上升运动

- 通过缓慢且有控制地伸髋来抬高杠铃，保持膝关节略微弯曲。
- 保持背部中立（或略微拱起），手肘位于高位，头部向后倾斜。
- 继续进行上升运动，直到回到开始姿势。
- 完成一组练习后，慢慢向前走，将杠铃放回支撑托架或壁架上。

2.16　腿（膝）伸展（训练机）

开始姿势

- 挺直躯干，端坐在训练机（器械）座椅上，背部、髋部和臀部均衡地压在垫子上（坐在垫子中心，而不是靠近左侧或右侧）。
- 将脚贴在滚垫下方。如果滚垫是可调节的，则将滚垫放在与脚背接触的位置（当处于坐姿时）。可能需要他人协助调节滚垫，或者采用试错的方法，自己坐在器械上检查滚垫位置，然后下来调节，再坐回去并重新检查。
- 最终在器械上的位置必须允许膝盖与器械的旋转轴成一条直线。如果背垫是可调节的，请将它向前或向后移动，以实现这种对齐方式。
- 大腿、小腿和双脚分开与髋部同宽，双腿相互平行。
- 抓住座椅的侧面手柄或坐垫。
- 所有的重复练习都是从这个姿势开始的。

开始姿势

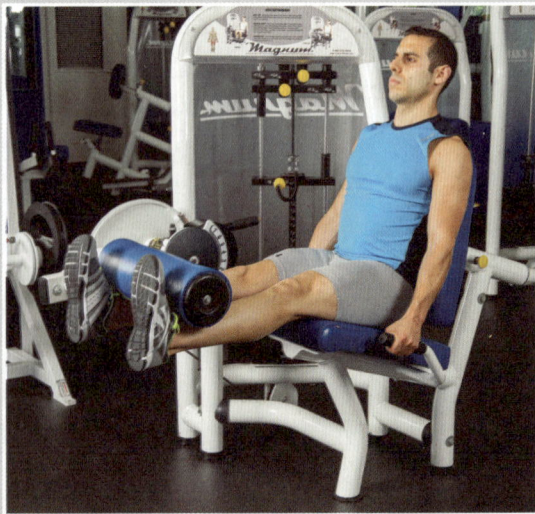

结束姿势

上升运动

- 开始做练习时，有控制地慢慢伸展膝关节。
- 保持大腿、小腿和双脚相互平行，在伸展膝关节时，不要让大腿向内或向外移动（即不要让髋部向内或向外旋转）。
- 在上升运动中，抓紧手柄或坐垫，尽量减少上半身和大腿的运动。
- 不要通过摆动双腿或向后猛挺躯干来帮助提升负重。
- 继续进行上升运动，直到膝关节完全伸展，但不要用力锁膝。

下降运动

- 通过屈膝来缓慢降低滚垫，让其有控制地回到起始位置。
- 不要无控制地快速下降配重片。
- 保持大腿、小腿和双脚相互平行。
- 背部和髋部应与各自的垫子保持接触。
- 完成一组练习后，将双脚从滚垫下方松开，然后离开器械。

下半身训练动作

2.17 坐姿腿（膝）弯举（训练机）

开始姿势

- 将大腿垫抬高到最高位置。
- 坐在器械座椅上，背部、髋部和臀部均衡地压在各自的垫子上（坐在垫子中心，而不是靠近左侧或右侧）。
- 伸展膝关节，将脚跟放在滚垫的顶部。如果滚垫是可调节的，则将滚垫放在与脚跟或小腿后部接触的地方，这个位置就在鞋跟上方（坐下时）。可能需要他人协助调节滚垫，或者采用试错的方法，自己坐在器械上检查滚垫位置，然后下来调节，再坐回去并重新检查。
- 最终在器械上的位置必须允许膝盖与器械的旋转轴成一条直线。如果背垫是可调节的，请将它向前或向后移动，以实现这种对齐方式。
- 大腿、小腿和双脚分开与髋部同宽，并相互平行。
- 降低大腿垫，使其牢牢压在大腿上。
- 抓住座椅的侧面手柄或坐垫。
- 所有的重复练习都是从这个姿势开始的。

开始姿势

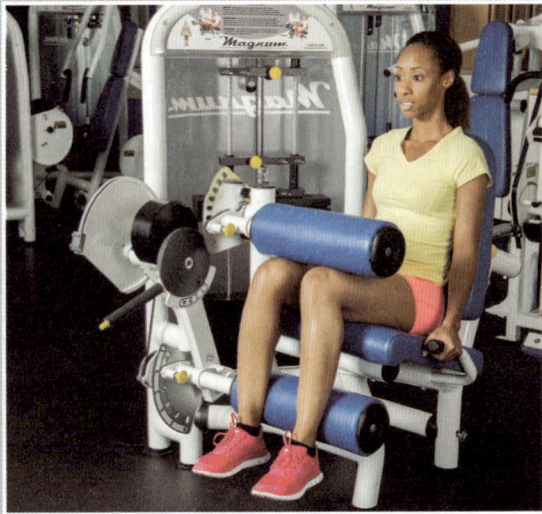

结束姿势

下降运动

- 开始做练习时，有控制地慢慢弯曲膝关节。
- 保持大腿、小腿和双脚相互平行，在伸展膝关节时，不要让大腿向内或向外移动（即不要让髋部向内或向外旋转）。
- 抓紧手柄或坐垫，尽量减少上半身和大腿的运动。
- 不要通过移动上半身或用腿向后踢来帮助提升负重。
- 继续下降运动，直到膝关节弯曲至少90度。实际的运动范围取决于四肢的长度、股四头肌的灵活性和训练器械的设计。

上升运动

- 通过伸膝来缓慢抬高滚垫，让其有控制地回到起始位置。
- 不要无控制地快速下降配重片。
- 保持大腿、小腿和双脚相互平行。
- 背部、髋部和臀部和大腿应与各自的垫子保持接触。
- 完成一组练习后，将大腿垫抬高至最高位置，将双脚从滚垫上移开，然后离开器械。

下半身训练动作

2.18   俯卧腿（膝）弯举（训练机）

开始姿势

- 在器械上采用俯卧姿势，髋部和躯干位于垫子中央（而不是左侧或右侧），膝盖与器械的旋转轴对齐。
- 将脚钩在一个或多个脚踝垫下方；如果脚踝垫是可调节的，请将其放置在与脚踝后部接触的地方，该位置就在鞋跟上方。
- 当处于最适当的位置时，膝盖应稍稍悬离大腿支撑垫的底部边缘。
- 保持大腿、小腿和双脚相互平行。
- 紧握手柄或胸部靠垫的两侧。
- 所有的重复练习都是从这个姿势开始的。

上升运动

- 保持大腿、小腿和双脚相互平行，弯曲膝关节，直到脚踝垫接触（或几乎接触）到臀部。
- 保持躯干不动。
- 紧握手柄或胸部靠垫的两侧。

下降运动

- 膝关节慢慢伸展，回起始位置。
- 保持大腿、小腿和双脚相互平行。
- 保持躯干不动。
- 紧握手柄或胸部靠垫的两侧。

开始姿势

结束姿势

小腿（单关节）练习

名称	页码	向心运动的描述	肌肉群或身体部位	肌肉
坐姿提踵（训练机）	90	踝关节跖屈	小腿	比目鱼肌（重点） 腓肠肌
站姿提踵（训练机）	92	与坐姿提踵（训练机）相同		比目鱼肌 腓肠肌（重点）

2.19　坐姿提踵（训练机）

开始姿势

- 将坐姿提踵训练机（器械）的大腿（膝盖）垫调节到最高位置。

- 在座位上坐直身体，将脚掌（跖骨）放在最近的台阶边缘，双腿和双脚分开与髋同宽，并相互平行。

- 如果座椅高度是可以调节的，请将座椅调节至能使大腿与地面平行的位置（当双脚就位时）。

- 降低大腿（膝盖）垫，使其紧紧压在大腿前部区域（垫子的实际接触面取决于大腿的长度、座椅高度和器械的设计）。

- 握住手柄。

- 脚踝跖屈，将大腿（膝盖）垫抬高 3～5 厘米。

- 卸下支撑装置。器械有许多不同类型的支撑装置，但大多数在靠近身体的位置安装有一两个可以向外转动或移动的调节手柄。

开始姿势

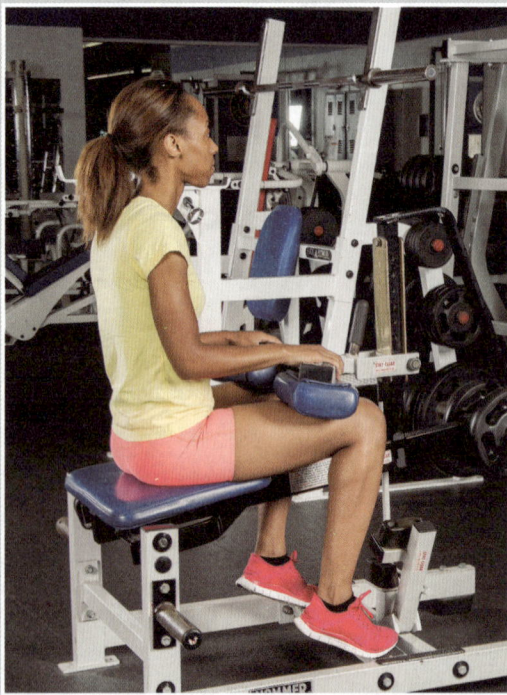

结束姿势

- 有控制地慢慢将脚跟降到一个有拉伸感且舒适的位置。
- 所有的重复练习都是从这个姿势开始的。

上升运动

- 开始做练习时，有控制地、慢慢地让脚踝呈跖屈状态。
- 保持躯干直立，双腿和双脚相互平行。
- 对所有跖骨施加均匀的压力；注意，足部不要有任何内翻或外翻，否则可能会造成只用大脚趾或小脚趾发力。
- 不要用手臂用力拉手柄或大腿（膝盖）垫来帮助提升负重。
- 继续进行上升运动，直到小腿肌肉完全收缩（即脚踝完全呈跖屈状态）。

下降运动

- 有控制地、慢慢地将脚跟放回起始位置。
- 在动作结束阶段，不要通过让负重快速落下弹起来进行下一次练习。
- 完成一组练习后，稍微跖屈脚踝，将支撑装置放回原位，然后站起来离开器械。

下半身训练动作

2.20　站姿提踵（训练机）

开始姿势

- 身体两侧均衡地站直在站姿提踵训练机（器械）的肩垫下，髋部处于肩部正下方，膝关节完全伸展，但不要用力锁住膝盖。
- 握住手柄。
- 将脚掌（跖骨）放在最近的台阶边缘，双腿和双脚分开，与髋部同宽，并相互平行。
- 有控制地将脚跟降低到一个舒适且有伸展感的位置。（当脚跟处于最低伸展位时，要举起的负荷所处位置应正好高于其处于休息姿势时的位置。否则，应将肩垫高度降至合适位置）。
- 所有的重复练习都是从这个姿势开始的。

开始姿势　　　　　　　　　　　　　　　结束姿势

上升运动

- 开始做练习时，有控制地、慢慢地让脚踝呈跖屈状态。
- 保持躯干直立，双腿和双脚相互平行。
- 对所有跖骨施加均匀的压力；注意，足部不要有任何内翻或外翻，否则可能会造成只用大脚趾或小脚趾发力。
- 不要向前推动或摆动髋部来帮助提升负重。
- 继续进行上升运动，直到小腿肌肉完全收缩（即脚踝完全呈跖屈状态）。

下降运动

- 有控制地、慢慢地将脚跟放回起始位置。
- 在运动结束时，不要通过让负重片快速落下弹起来进行下一次重复练习。
- 完成一组练习后，慢慢弯曲髋关节和膝关节，将负重降到处于休息姿势时的位置，然后离开器械。

下半身训练动作

第3部分

上半身训练动作

胸部（多关节）练习

名称	页码	向心运动的描述	肌肉群或身体部位	肌肉
水平杠铃卧推	98	肩膀横向（水平）内收	胸部	胸大肌
			肩部	三角肌前束
		肩胛骨前伸（外展）	肩胛骨	前锯肌
			胸部	胸小肌
		肘部伸展	上臂（后部）	肱三头肌
上斜杠铃卧推	101	与水平杠铃卧推相同		
下斜杠铃卧推	104	与水平杠铃卧推相同		
水平哑铃卧推	106	与水平杠铃卧推相同		
上斜哑铃卧推	109	与水平杠铃卧推相同		
下斜哑铃卧推	112	与水平杠铃卧推相同		
立式胸推（训练机）	115	与水平杠铃卧推相同		

图标表示这是一个需要协助者的练习。

3.1 水平杠铃卧推

开始姿势（运动员）

- 仰卧在训练凳上，身体呈五点接触姿势。
  - 头部紧紧贴在训练凳上。
  - 肩部和上背部稳固且均衡地放在训练凳上。
  - 臀部均衡地放在训练凳上。
  - 右脚平放在地上。
  - 左脚平放在地上。
- 调整训练凳上半身体的位置，使眼睛位于放在架子上的杠铃杆的正下方。
- 以正握闭握的方式均衡地抓住杠铃杆，双手间距略大于肩宽。
- 向协助者示意开始，让其协助将杠铃从架子上移到胸部上方，肘部完全伸直，这就是起杠的过程。
- 所有的重复练习都是从这个姿势开始的。

开始姿势（协助者）

- 在训练凳顶部的后面站立。
- 双脚分开，至少与肩同宽，膝关节略微弯曲。

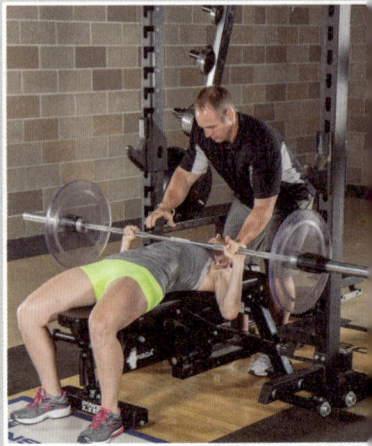

| 抬起杠铃 | 开始姿势 | 下降运动 |

- 在运动员双手的内侧，采用正反握闭握的方式握住杠铃杆。
- 在运动员示意开始后，协助运动员将杠铃从架子上提起移出。
- 将杠铃引导至运动员胸部上方的位置。
- 平稳地松开杠铃。

下降运动（运动员）

- 开始做练习时，有控制地、缓慢地将杠铃杆朝胸部方向降低。
- 肘部向下移动，越过躯干，稍微远离身体。
- 保持手腕稳定，前臂垂直于地面并相互平行。握距将决定前臂相互平行的程度。
- 降低杠铃杆，使其在接近乳头的位置轻轻接触胸部；不要让杠铃杆在胸前弹起，也不要拱起下背部来抬高胸部，使其与杠铃杆接触。
- 保持头部、躯干、髋部和双脚处于五点接触的身体姿势。

下降运动（协助者）

- 在杠铃下降过程中，双手以正反握的姿势保护运动员，靠近但不接触杠铃杆。
- 稍微弯曲膝关节、髋关节和躯干，并在跟随杠铃杆运动的过程中保持背部中立。

上升运动

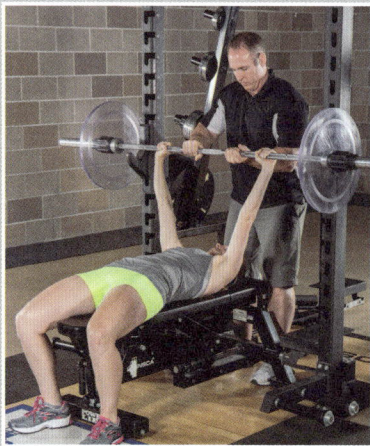

架回杠铃

上升运动（运动员）

- 向上并稍向后方推举杠铃。
- 保持身体五点接触姿势，不要抬头或拱起腰部，也不要抬起臀部或脚部。
- 保持手腕稳定，前臂垂直于地面并相互平行。
- 继续将杠铃向上推举，直到肘部完全伸直，但不要用力锁肘。
- 完成一组练习后，向协助者示意，让其帮助架回杠铃，但要一直握住杠铃杆，直到杠铃两端稳定地放回架子上。

上升运动（协助者）

- 在上升运动中，双手以正反握的姿势保护运动员，靠近但不接触杠铃杆。
- 稍微伸展膝关节、髋关节和躯干，并在跟随杠铃杆运动的过程中保持背部中立。
- 在运动员示意一组练习结束后，在运动员双手的内侧以正反握的方式握住杠铃杆。
- 将杠铃引导回架子上。
- 握住杠铃杆，直到杠铃两端稳定地放回架子上。

3.2 上斜杠铃卧推

开始姿势（运动员）

- 在做这个练习之前，请检查上斜训练凳的高度并进行调整，以适应以下情况。
    - 大腿与地面大致平行（双脚平放时）。
    - 头部在架子上的杠铃杆下面，并在训练凳的顶部。
    - 可以将杠铃抬起放回架子上，避免撞到头顶（座椅太高）或需要使用腿来帮助够到架子（座椅太低）。
- 坐在上斜训练凳的座位上，然后身体向后倾斜，身体呈五点接触姿势（参见练习3.1）。
- 以正握闭握的方式均衡地抓住杠铃杆，双手间距略大于肩宽。
- 向协助者示意开始，让其协助将杠铃从架子上移到颈部和面部上方，肘部完全伸直，这就是起杠的过程。
- 所有的重复练习都是从这个姿势开始的。

开始姿势（协助者）

- 在训练凳顶部的后面站立。
- 双脚分开，至少与肩同宽，膝关节略微弯曲。
- 在运动员双手的内侧，采用正反握闭握的方式握住杠铃。
- 在运动员示意开始后，协助运动员将杠铃从架上抬起。
- 将杠铃杆引导至运动员颈部和面部上方的位置。
- 平稳地松开杠铃。

上半身训练动作

下降运动（运动员）

- 开始做练习时，有控制地、缓慢地降低杠铃杆。杠铃可能有远离身体的趋势，这取决于座椅的角度，但运动员应该将杠铃杆引至上胸部区域。

- 肘部向下移动，越过躯干，稍微远离身体。

- 保持手腕稳定，前臂垂直于地面并相互平行。握距将决定前臂相互平行的程度。

- 降低杠铃杆，使其在上胸部大约1/3处（在锁骨和乳头之间）轻轻触碰胸部；不要在胸前弹起杠铃杆或拱起下背部来抬高胸部，使其与杠铃杆接触。

- 始终保持头部、躯干、髋部和双脚处于五点接触的身体姿势。

起始位置

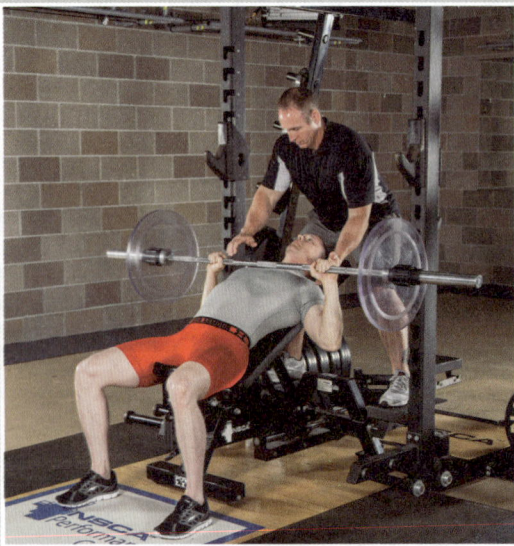

底部位置

下降运动（协助者）

- 在杠铃下降过程中，双手以正反握的姿势保护运动员，靠近但不接触杠铃杆。
- 稍微弯曲膝关节、髋关节和躯干，并在跟随杠铃杆运动的过程中保持背部中立。

上升运动（运动员）

- 向上并稍微向后方推举杠铃。为了防止杠铃向前跌落（因为躯干的角度位置），将杠铃向上推举，这样它就会靠近脸部，而不仅是远离胸部。
- 不要拱腰或抬起臀部，也不要用腿部蹬地（尝试站起来）；躯干和双脚不应离开初始位置。
- 保持手腕稳定，前臂垂直于地面并相互平行。
- 继续将杠铃向上推举，直到肘部完全伸直，但不要用力锁肘。
- 完成一组练习后，向协助者示意，让其帮助架回杠铃，但要一直握住杠铃杆，直到杠铃两端稳定地放回架子上。

上升运动（协助者）

- 在上升运动中，双手以正反握的姿势保护运动员，靠近但不接触杠铃杆。
- 稍微伸展膝关节、髋关节和躯干，并在跟随杠铃杆运动的过程中保持背部中立。
- 在运动员示意一组练习结束后，协助者在运动员双手的内侧以正反握方式握住杠铃杆。
- 将杠铃引导回架子上。
- 握住杠铃杆，直到杠铃两端稳定地放回架子上。

上半身训练动作

上半身训练动作

3.3　下斜杠铃卧推

开始姿势（运动员）

* 仰卧在下斜训练凳上，摆好身体位置，使头部、肩部、上背部和臀部稳固且均衡地放在训练凳上，双脚平放在地上，身体呈五点接触姿势（参见练习3.1）。
* 调整训练凳上半身体的位置，眼睛位于架子上杠铃杆的正下方。
* 以正握闭握的方式在两侧对称均衡地抓住杠铃杆，双手间距略大于肩宽。
* 向协助者示意开始，让其协助将杠铃从架子上移动到合适的位置。在这个位置上，运动员手臂与地面垂直，肘部完全伸直。这就是起杠的过程。
* 所有的重复练习都是从这个姿势开始的。

开始姿势（协助者）

* 在训练凳顶部的后面站立。
* 双脚分开，与肩同宽，膝关节略微弯曲。
* 在运动员双手的内侧，采用正反握闭握的方式握住杠铃杆。

起始位置

底部位置

- 在运动员示意开始后，协助运动员将杠铃从架上抬起。
- 将杠铃引导至运动员的手臂垂直于地面的位置。
- 平稳地松开杠铃。

下降运动（运动员）

- 开始做练习时，有控制地、缓慢地将杠铃朝胸骨方向降低。
- 肘部向下移动，越过躯干，稍微远离身体。
- 保持手腕稳定，前臂垂直于地面并相互平行。握距将决定前臂相互平行的程度。
- 降低杠铃杆，使其轻触胸骨；不要让杠铃杆在胸前弹起，也不要拱起下背部来抬高胸部，使其与杠铃杆接触。
- 保持头部、躯干、臀部和双脚都位于起始位置。

下降运动（协助者）

- 在下降运动中，双手以正反握的姿势保护运动员，靠近但不接触杠铃杆。
- 稍微弯曲膝关节、髋关节和躯干，并在跟随杠铃杆运动的过程中保持背部中立。

上升运动（运动员）

- 向上并稍微向后方推举杠铃。
- 保持相同的静止姿势，不要抬头或拱腰，也不要抬起臀部。
- 保持手腕稳定，前臂垂直于地面并相互平行。
- 继续将杠铃向上推举，直到肘部完全伸直，但不要用力锁肘。
- 完成一组练习后，向协助者示意，让其帮助架回杠铃，但要一直握住杠铃杆，直到杠铃两端稳定地放回架子上。

上升运动（协助者）

- 在上升运动中，双手以正反握的姿势保护运动员，靠近但不接触杠铃杆。
- 稍微伸展膝关节、髋关节和躯干，并在跟随杠铃杆运动的过程中保持背部中立。
- 在运动员示意一组练习结束后，协助者在运动员双手的内侧以正反握的方式握住杠铃杆。
- 将杠铃引导回架子上。
- 握住杠铃杆，直到杠铃两端稳定地放回架子上。

3.4 水平哑铃卧推

开始姿势（运动员）

- 双手以闭握方式分别握住两个重量相等的哑铃。将哑铃下半部的外表面靠在大腿前部（哑铃手柄相互平行）。
- 坐在训练凳的一端，哑铃放在大腿上。
- 向后躺下，让头部靠在训练凳的另一端。在形成仰卧姿势后，先将哑铃移到胸部（腋窝）区域，然后向协助者示意开始，让其协助将哑铃移动到胸部上方，伸展肘部，前臂相互平行。
- 重新定位头部、肩部、臀部和双脚，使身体呈五点接触姿势（参见练习3.1）。

起始位置

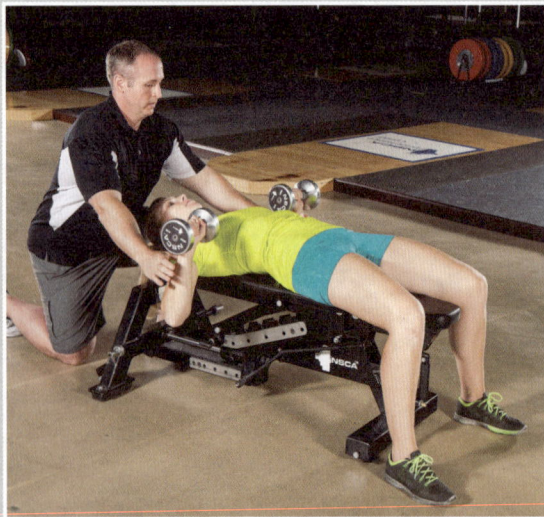

底部位置

- 常见握姿是将哑铃手柄对齐，掌心朝向双脚；另一种握姿是将哑铃放在中立位置（即哑铃手柄相互平行，掌心相对）。
- 所有的重复练习都是从这个姿势开始的。

开始姿势（协助者）

- 身体处于较低位置（但上半身仍然直立），靠近训练凳的顶部。
- 为了创造一个稳定的保护区域，身体呈弓步姿势，一侧腿跪在地面上，另一侧腿的膝关节屈曲约90度，脚平放在地面上。
- 抓住运动员的前臂靠近手腕的地方。
- 在运动员示意开始后，协助其将哑铃移至其胸部上方。
- 平稳地放开运动员的前臂。

下降运动（运动员）

- 开始做练习时，有控制地、缓慢地将哑铃朝胸部方向降低。为了在训练凳上保持稳定的身体姿势，两侧应以同样的速度降低哑铃。
- 保持手腕稳定，前臂垂直于地面，哑铃手柄相互对齐（使用中立握法除外）。尽量减少晃动。
- 将哑铃向下移动并略微向外引导至胸部外侧，使其靠近腋窝，与乳头处于同一垂直平面。
- 通常情况下，哑铃的最低位置与水平杠铃卧推中杠铃到达的最低位置相似。想象有一根杠铃杆穿过了两个哑铃手柄，哑铃的最低位置就是想象中的杠铃杆水平接触胸部的地方。如果需要，在哑铃处于中立位置时可以将哑铃放得更低，因为躯干并不会阻挡哑铃的运动。
- 不要拱起下背部来抬高胸部。
- 保持头部、躯干、臀部和双脚处于五点接触的身体姿势。

下降运动（协助者）

- 哑铃下降时，保持双手靠近（但不接触）运动员前臂靠近手腕的地方。
- 在跟随哑铃运动的过程中，稍微弯曲躯干（但是要保持背部中立）。

上半身训练动作

上升运动（运动员）

- 两侧以相同的速度向上推举哑铃，并使它们略微靠近彼此，保持哑铃处于控制之中。
- 保持身体五点接触姿势，不要抬头或拱起腰部，也不要抬起臀部或脚部。
- 保持手腕稳定，前臂垂直于地面，哑铃手柄相互对齐；不要让哑铃在推举过程中摇摆不定。
- 继续向上推举哑铃，直到肘部完全伸直，保持前臂几乎相互平行。哑铃可以在胸部上方朝彼此移动，但不要让它们碰撞在一起。
- 完成一组练习后，先慢慢将哑铃降至胸部（腋窝）区域，然后有控制地、一次一个地将哑铃放回地面。

上升运动（协助者）

- 哑铃上升时，保持双手靠近（但不接触）运动员的前臂靠近手腕的地方。
- 在跟随哑铃运动的过程中，稍微伸展躯干（保持背部中立）。

3.5　上斜哑铃卧推

开始姿势（运动员）

- 在拿起哑铃之前，请检查上斜训练凳的座椅。如果座椅是可调节的，请调节座椅，以适应以下情况。
  - 大腿与地面大致平行（双脚平放时）。
  - 头部处于训练凳的顶部，臀部位于下面低处。
  - 确保在练习过程中，哑铃不会撞到力量架的任何部分（如果在力量架中练习的话）。
- 以闭握方式握住两个重量相等的哑铃。将哑铃下半部的外表面靠在大腿前部（哑铃手柄相互平行）。
- 坐在上斜训练凳上，将哑铃放在大腿上。
- 向后倾斜，将头部放在训练凳的顶部。在形成向上斜姿势后，先将哑铃移到胸部（腋窝）区域，然后向协助者示意开始，让其协助将哑铃移动到颈部和面部上方，伸展肘部，两臂相互平行。
- 重新定位头部、肩部、臀部和双脚，使身体呈五点接触姿势（参见练习3.1）。
- 常见握姿是将哑铃手柄对齐，掌心朝向双脚；另一种握姿是将哑铃放在中立位置（即哑铃手柄相互平行，掌心相对）。
- 所有的重复练习都是从这个姿势开始的。

开始姿势（协助者）

- 在训练凳顶部的后面站立。
- 双脚分开，与肩同宽，膝关节略微弯曲。
- 抓住运动员的前臂靠近手腕的地方。
- 在运动员示意开始后，协助其将哑铃移至其颈部和面部的上方。
- 平稳地放开运动员的前臂。

下降运动（运动员）

- 开始练习时，有控制地、缓慢地将哑铃朝胸部方向降低。为了在训练凳上保持稳定的身体姿势，两侧应以同样的速度降低哑铃。
- 保持手腕稳定，前臂垂直于地面，哑铃手柄相互对齐（使用中立握法除外）。尽量减少晃动。
- 将哑铃向下移动并略微向外引导至胸部外侧，靠近腋窝，与上胸部大约1/3处（在锁骨和乳头之间）对齐。
- 通常情况下，哑铃的最低位置与上斜杠铃卧推中杠铃到达的最低位置相似。想象有一根杠铃杆穿过了两个哑铃手柄，哑铃的最低位置是想象中的杠铃杆接触上胸部1/3处。如果需要，在哑铃处于中立位置时可以将哑铃放得更低，因为躯干并不会阻挡哑铃的运动。

起始位置

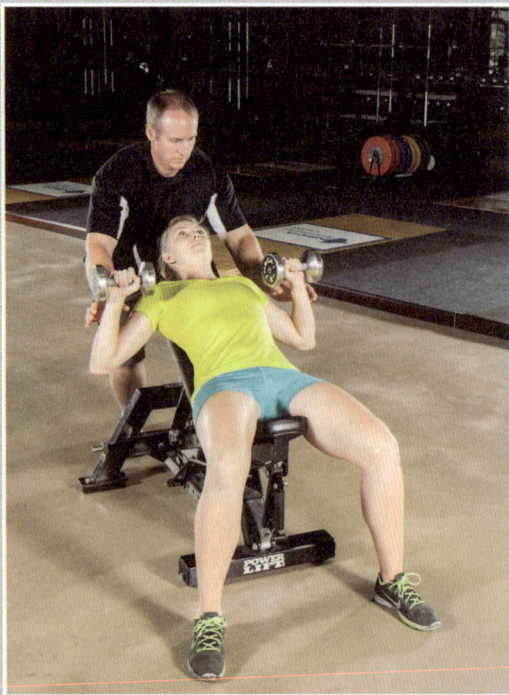

底部位置

- 不要拱起下背部来抬高胸部。
- 始终保持头部、躯干、髋部和双脚处于五点接触的身体姿势。

下降运动（协助者）

- 哑铃下降时，保持双手靠近（但不接触）运动员的前臂靠近手腕的地方。
- 在跟随哑铃运动的过程中，稍微弯曲膝关节、髋关节和躯干，并保持背部中立。

上升运动（运动员）

- 两侧以相同的速度向上推举哑铃，并使它们略微靠近彼此，以保持哑铃处于控制之中。为了防止哑铃向前跌落（因为躯干的角度位置），将哑铃向上推举，这样它就会在肩膀（最初位置）和面部（最终位置）上方，而不是向外和远离胸部。
- 不要拱起下背部、抬起臀部或用腿向上推（尝试站起来）。躯干和双脚不应离开其初始位置。
- 保持手腕稳定，前臂垂直于地面，哑铃手柄相互对齐。不要让哑铃在推举过程中摇摆不定。
- 继续向上推举哑铃，直到肘部完全伸直，保持前臂几乎相互平行。哑铃可以在胸部上方朝彼此移动，但不要让它们碰撞在一起。
- 完成一组练习后，先慢慢将哑铃降至胸部（腋窝）区域，然后降至大腿处，有控制地、一次一个地将哑铃放回地面。

上升运动（协助者）

- 哑铃上升时，保持双手靠近（但不接触）运动员的前臂靠近手腕的地方。
- 在跟随哑铃运动的过程中，稍微伸展膝关节、髋关节和躯干，并保持背部中立。

上半身训练动作

3.6 下斜哑铃卧推

开始姿势：运动员

- 在拿起哑铃之前，请先检查下斜训练凳的座椅。如果座椅是可调节的，请调节座椅，确保练习过程中，哑铃不会撞到力量架的任何部分（如果在力量架中练习的话）。
- 以闭握方式握住两个重量相等的哑铃，将哑铃下半部的外表面靠在大腿前部（哑铃手柄相互平行）。
- 坐在下斜训练凳上，将哑铃放在大腿上。
- 向后倾斜，将头部放在训练凳的底部。在形成向下斜躺姿后，先将哑铃移到胸部（腋窝）区域，然后向协助者示意开始，让其协助将哑铃移至手臂垂直于地面的位置，伸展肘部，两臂相互平行。
- 重新定位身体各部位，使身体呈五点接触姿势（参见练习3.1）。

起始位置

底部位置

- 常见握姿是将哑铃手柄对齐，用闭握的方式握住手柄，掌心朝向双脚。另一种握姿是以中立握的方式握住哑铃（即哑铃手柄相互平行，掌心相对）。
- 所有的重复练习都是从这个姿势开始的。

开始姿势（协助者）

- 身体处于较低位置（但上半身仍然直立），靠近训练凳的顶部。
- 为了创造一个稳定的保护区域，身体呈弓步姿势，一侧腿跪在地上，另一侧腿的膝关节屈曲约90度，脚平放在地上。
- 抓住运动员的前臂靠近手腕的地方。
- 在运动员示意开始后，协助其将哑铃移至其手臂垂直于地面的位置。
- 平稳地放开运动员的前臂。

下降运动（运动员）

- 开始练习时，有控制地、缓慢地将哑铃朝胸部（和胸骨）外侧降低。为了在训练凳上保持稳定的身体姿势，两侧以同样的速度降低哑铃。
- 保持手腕稳定，前臂垂直于地面，哑铃手柄相互对齐（使用中立握法除外）。尽量减少晃动。
- 将哑铃向下移动并略微向外引导至胸部外侧，靠近腋窝，与下胸部大约1/3处对齐。
- 通常情况下，哑铃的最低位置与下斜杠铃卧推中杠铃达到的最低位置相似。想象有一根杠铃杆穿过了两个哑铃手柄，哑铃的最低位置就是想象中的杠铃杆接触下胸部1/3处。如果需要，在哑铃处于中立位置时可以将哑铃放得更低，因为躯干并不会阻挡哑铃的运动。
- 不要拱起下背部来抬高胸部。
- 保持头部、躯干、臀部和双脚都处于身体五点接触姿势。

下降运动（协助者）

- 哑铃下降时，保持双手靠近（但不接触）运动员的前臂靠近手腕的地方。
- 在跟随哑铃运动的过程中，稍微弯曲膝关节、髋关节和躯干，并保持背部中立。

上半身训练动作

上升运动（运动员）

- 两侧以相同的速度向上推举哑铃，并使它们略微靠近彼此，保持哑铃处于控制之中。
- 不要拱腰或抬起臀部，也不要用腿部蹬地（尝试站起来）；躯干和双脚不应离开初始位置。
- 保持手腕稳定，前臂垂直于地面，哑铃手柄相互对齐。不要让哑铃在推举过程中摇摆不定。
- 继续向上推举哑铃，直到肘部完全伸直，保持前臂几乎相互平行。哑铃可以朝彼此移动，但不要让它们碰撞在一起。
- 完成一组练习后，慢慢将哑铃降至胸部（腋窝）区域，然后有控制地、一次一个地将哑铃放回地面。

上升运动（协助者）

- 哑铃上升时，保持双手靠近（但不接触）运动员的前臂靠近手腕的地方。
- 在跟随哑铃运动的过程中，稍微伸展膝关节、髋关节和躯干，并保持背部中立。

3.7　立式胸推（训练机）

开始姿势

- 在做这个练习之前，请检查训练机（器械）座椅的高度并进行调节，以适应以下情况。
  - 大腿与地面大致平行（双脚平放）。
  - 身体与手柄成一条直线（连接两个手柄的假想线应在乳头高度穿过胸前）。
  - 当肘部伸展并握住手柄时，手臂大约与地面平行（将插栓从配重片中取出，坐在训练机中，将手柄向前推，以检查手臂在某个座椅高度的位置）。
- 坐在座椅上，使身体呈五点接触姿势（参见练习3.1）。

起始位置

结束姿势

上半身训练动作

- 采用正握闭握的方式抓住手柄（如果需要的话，也可以采用中立握法）。
- 如果训练机上有脚踏板，请执行以下操作。
  - 用一只脚踩脚踏板，以便向前移动手柄。
  - 握住手柄。
  - 慢慢松开脚踏板，将脚放在地上。
- 如果训练机上没有脚踏板，可以通过一次抓住一个手柄的方式，将身体重新调整为五点接触姿势。
- 所有的重复练习都是从这个姿势开始的。

向前运动

- 开始练习时，将手柄向前推。
- 保持身体五点接触姿势；不要拱起下背部、抬起臀部或双脚，不要将头部抬离靠垫或收缩腹部（向前弯曲躯干）。
- 保持手腕稳定，继续推动手柄，直到肘部完全伸直，但不要用力锁肘。

向后运动

- 有控制地、缓慢地将手柄向身体方向移动。
- 保持手腕稳定；如果在开始练习前适当调整了座椅，此时手臂将与地面大致平行。
- 将手柄引导回胸前；不要让手柄迅速向后移动来增加反弹力，从而帮助实现下一次练习。
- 保持头部、躯干、髋部和双脚处于五点接触的身体姿势。
- 完成一组练习后，执行与踩脚踏板相反的过程，或者通过一次松开一个手柄的方式，引导手柄向后移动至其静止位置。

胸部（单关节）练习

名称	页码	向心运动的描述	肌肉群或身体部位	肌肉
坐姿夹胸（训练机）	118	肩膀横向（水平）内收	胸部	胸大肌
			肩部	三角肌前束
		肩胛骨前伸（外展）	肩胛骨	前锯肌
			胸部	胸小肌
水平哑铃飞鸟	120	与坐姿夹胸（训练机）相同		
上斜哑铃飞鸟	123	与坐姿夹胸（训练机）相同		
下斜哑铃飞鸟	126	与坐姿夹胸（训练机）相同		
拉绳交叉夹胸（训练机）	129	与坐姿夹胸（训练机）相同		

图标表示这是一个需要协助者的练习。

3.8 坐姿夹胸（训练机）

开始姿势

- 坐在训练机（器械）座椅上，使身体呈五点接触姿势（参见训练3.1）。
- 以中立握闭握的方式，一侧手握住一个手柄，肘部略微弯曲。
- 上臂、肘部和前臂与地面平行，双手与肩部或胸部的前表面齐平或稍微靠前。
- 所有的重复练习都是从这个姿势开始的。

开始姿势　　　　　　　　　　　　　　结束姿势

向前运动

- 开始练习时，两侧手以相同的速度让手柄朝对侧移动，形成一个大的弧线运动轨迹。
- 保持身体五点接触姿势；不要拱起下背部、抬起臀部或双脚，不要向前弯曲躯干，不要让躯干或头部猛地发力。
- 保持手腕稳定，上臂、肘部和前臂与地面平行。
- 继续将手柄朝对侧移动，直到它们在脸部前方相碰（或向前移动到最大范围）。

向后运动

- 有控制地、缓慢地将手柄向外和向后摆动。
- 保持手腕稳定，上臂、肘部和前臂与地面平行。
- 将手柄向后引导，使其与胸部和对侧手柄对齐；不要快速向后摆动手柄来增加动力。
- 始终保持头部、躯干、髋部和双脚处于五点接触的身体姿势。
- 完成一组练习时，通过将身体轻轻向两侧扭转来向后引导手柄，并以一次松开一个手柄的方式让其回到其静止位置。

上半身训练动作

3.9 水平哑铃飞鸟

开始姿势（运动员）

- 以闭握方式握住两个重量相等的哑铃。将哑铃下半部的外表面靠在大腿前部（哑铃手柄相互平行）。

- 坐在训练凳的一端，将哑铃放在大腿上。

- 向后躺下，让头部靠在训练凳的另一端。在形成仰卧姿势后，先将哑铃移到胸部（腋窝）区域，然后向协助者示意开始，让其协助将哑铃移动到胸部上方，伸展肘部，前臂相互平行。

- 重新定位头部、肩部、臀部和双脚，使身体呈五点接触姿势（参见练习3.1）。

起始位置

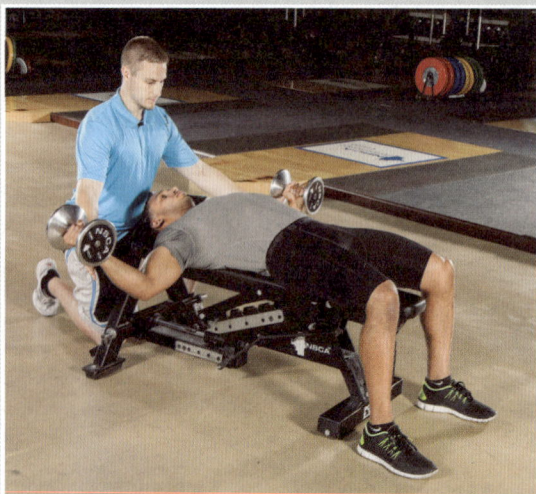

底部位置

- 以中立握法握住哑铃，哑铃手柄相互平行，肘部指向两侧。
- 略微弯曲肘部，并在整个练习过程中保持这种弯曲姿势。
- 所有的重复练习都是从这个姿势开始的。

开始姿势（协助者）

- 身体处于较低位置（但上半身仍然直立），靠近训练凳的顶部。
- 为了创造一个稳定的保护区域，身体呈弓步姿势，一侧腿跪在地上，另一侧腿的膝关节屈曲约90度，脚平放在地上。
- 抓住运动员的前臂靠近手腕的地方。
- 在运动员示意开始后，协助其将哑铃移至其胸部上方。
- 平稳地放开运动员的前臂。

下降运动（运动员）

- 开始做练习时，有控制地以较大弧度缓慢地降低哑铃。为了在训练凳上保持稳定的身体姿势，两侧应以同样的速度降低哑铃。
- 在整个运动过程中，保持手腕稳定，肘部锁定为略微弯曲的姿势，哑铃手柄相互平行。
- 手、手腕、前臂、肘部、上臂和肩部应该几乎保持在同一垂直平面内。
- 在下降运动过程中，肘部应从指向两侧逐渐过渡到指向地面。
- 继续以较大弧度降低哑铃，直到哑铃与上胸部齐平。
- 保持头部、躯干、髋部和双脚处于五点接触的身体姿势。

下降运动（协助者）

- 哑铃下降时，保持双手靠近（但不接触）运动员的前臂靠近手腕的地方。
- 在跟随哑铃运动的过程中，稍微弯曲躯干，并保持背部中立。

上升运动（运动员）

- 有控制地以较大的弧度向上举起哑铃，想象是在用手臂抱住大树的树干。
- 保持手腕稳定，肘部锁定在略微弯曲的姿势。
- 保持身体五点接触姿势；不要拱腰、抬头，不要抬起臀部或双脚，也不要耸肩来帮助抬高哑铃。
- 在上升运动中，手、手腕、前臂、肘部、上臂和肩部应该几乎保持在同一垂直平面内。
- 继续举起哑铃，直到哑铃到达胸部上方，回到起始位置。
- 完成一组练习后，先慢慢将哑铃降至胸部（腋窝）区域，然后有控制地、一次一个地将哑铃放回地面。

上升运动（协助者）

- 哑铃上升时，保持双手靠近（但不接触）运动员的前臂靠近手腕的地方。
- 在跟随哑铃运动的过程中，稍微伸展躯干，并保持背部中立。

3.10　上斜哑铃飞鸟

开始姿势（运动员）

- 在拿起哑铃之前，请检查上斜训练凳的座椅。如果座椅是可调节的，请调节座椅，以适应以下情况。
    - 大腿与地面大致平行（双脚平放）。
    - 头部处于训练凳的顶部，臀部位于下面低处。
    - 确保在做练习的过程中，哑铃不会撞到架子的任何立柱（如果有的话）。
- 以闭握方式握住两个重量相等的哑铃。将哑铃下半部的外表面靠在大腿前部（哑铃手柄相互平行）。
- 坐在上斜训练凳的座椅上，将哑铃放在大腿上。
- 向后倾斜，将头部放在训练凳的顶部。在形成向上斜躺姿后，先将哑铃移到胸部（腋窝）区域，然后向协助者示意开始，让其协助将哑铃移动至手臂垂直于地面的位置，伸展肘部，两臂相互平行。
- 重新定位头部、肩部、臀部和双脚，使身体呈五点接触姿势（参见练习3.1）。
- 以中立握法握住哑铃，哑铃手柄相互平行，肘部指向两侧。
- 略微弯曲肘部，并在整个练习过程中保持这种弯曲姿势。
- 所有重复练习都是从这个姿势开始的。

开始姿势（协助者）

- 在训练凳顶部的后面站立。
- 双脚分开，与肩同宽，膝关节略微弯曲。
- 抓住运动员的前臂靠近手腕的地方。
- 在运动员示意开始后，协助其将哑铃移至其颈部和面部的上方。
- 平稳地放开运动员的前臂。

下降运动（运动员）

- 开始练习时，有控制地以较大弧度缓慢地降低哑铃。肘关节保持角度不变，只有肩关节发生运动。为了在训练凳上保持稳定的身体姿势，两侧应以同样的速度降低哑铃。
- 在整个运动过程中，保持手腕稳定，肘部锁定为略微弯曲的姿势，哑铃手柄相互平行。
- 手、手腕、前臂、肘部、上臂和肩部应该几乎保持在同一垂直平面内。
- 在下降运动过程中，肘部应从指向两侧逐渐过渡到指向地面。
- 继续以较大弧度降低哑铃，直到哑铃与上胸部齐平（理想情况下，双臂的动作幅度比第二张示例照片中的更大一些）。
- 始终保持头部、躯干、髋部和双脚处于五点接触的身体姿势。

起始位置

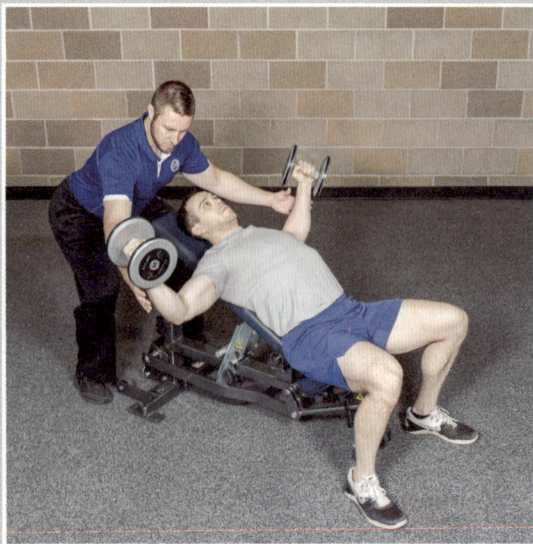

底部位置

下降运动（协助者）

- 哑铃下降时，保持双手靠近（但不接触）运动员的前臂靠近手腕的地方。
- 稍微弯曲膝关节、髋关节和躯干，并在跟随哑铃运动的过程中保持背部中立。

上升运动（运动员）

- 有控制地以较大的弧度向上举起哑铃，想象是在用手臂抱住大树的树干。
- 保持手腕稳定，肘部锁定为略微弯曲的姿势。
- 保持身体五点接触姿势；不要拱腰、抬头，不要抬起臀部或双脚，也不要耸肩来帮助抬高哑铃。
- 在上升运动中，手、手腕、前臂、肘部、上臂和肩部应该几乎保持在同一垂直平面内。
- 继续举起哑铃，直到哑铃回到起始位置。
- 完成一组练习后，慢慢将哑铃降至胸部（腋窝）区域，然后有控制地、一次一个地将哑铃放回地面。

上升运动（协助者）

- 哑铃上升时，保持双手靠近（但不接触）运动员的前臂靠近手腕的地方。
- 在跟随哑铃运动的过程中，稍微弯曲膝关节、髋关节和躯干，并保持背部中立。

3.11 下斜哑铃飞鸟

开始姿势（运动员）

- 在拿起哑铃之前，请检查下斜训练凳的座椅。如果座椅是可调节的，请调节座椅，确保练习过程中，哑铃不会撞到力量架的任何部分（如果在力量架中练习的话）。

- 以闭握方式握住两个重量相等的哑铃，将哑铃下半部的外表面靠在大腿前部（哑铃手柄相互平行）。

- 坐在下斜训练凳上，将哑铃放在大腿上。

- 向后倾斜，将头部放在训练凳的底部。在形成向下斜躺姿后，先将哑铃移到胸部（腋窝）区域，然后向协助者示意开始，让其协助将哑铃移动至手臂垂直于地面的位置，伸展肘部，两臂相互平行。

- 重新定位身体，呈五点接触姿势（参见练习3.1）。

- 以中立握法握住哑铃，哑铃手柄相互平行，肘部指向两侧。

- 略微弯曲肘部，并在整个练习过程中保持这种弯曲姿势。

- 所有重复练习都是从这个姿势开始的。

起始位置

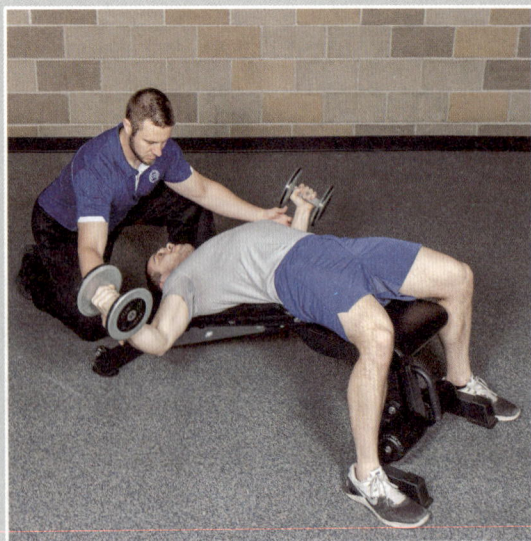

底部位置

开始姿势（协助者）

- 身体处于较低位置（但上半身仍然直立），靠近训练凳的顶部。
- 为了创造一个稳定的保护区域，身体呈弓步姿势，一侧腿跪在地上，另一侧腿的膝关节屈曲约90度，脚平放在地上。
- 抓住运动员的前臂靠近手腕的地方。
- 在运动员示意开始后，协助其将哑铃移至其手臂垂直于地面的位置。
- 平稳地放开运动员的前臂。

下降运动（运动员）

- 开始练习时，有控制地以较大弧度缓慢降低哑铃。肘关节保持角度不变，只有肩关节发生运动。为了在训练凳上保持稳定的身体姿势，两侧应以同样的速度降低哑铃。
- 在整个运动过程中，保持手腕稳定，肘部锁定为略微弯曲的姿势，哑铃手柄相互平行。
- 手、手腕、前臂、肘部、上臂和肩部应该几乎保持在同一垂直平面内。
- 在下降运动过程中，肘部应从指向两侧逐渐过渡到指向地面。
- 继续以较大弧度降低哑铃，直到哑铃与上胸部齐平（理想情况下，双臂的动作幅度比第二张示例照片中的更大一些）。
- 保持头部、躯干、臀部和双脚都位于起始位置。

下降运动（协助者）

- 哑铃下降时，保持双手靠近（但不接触）运动员的前臂靠近手腕的地方。
- 在跟随哑铃运动的过程中，稍微弯曲躯干，并保持背部中立。

上半身训练动作

上升运动（运动员）

- 有控制地以较大的弧度向上举起哑铃，想象是在用手臂抱住大树的树干。
- 保持手腕稳定，肘部锁定在略微弯曲的姿势。
- 不要拱腰或抬起臀部，也不要用腿部蹬地（尝试站起来）；身体和双脚不应离开初始位置。
- 在上升运动中，手、手腕、前臂、肘部、上臂和肩部应该几乎保持在同一垂直平面内。
- 继续举起哑铃，直到哑铃回到起始位置。
- 完成一组练习后，慢慢将哑铃降至胸部（腋窝）区域，然后有控制地，一次一个地将哑铃放回地面。

上升运动（协助者）

- 哑铃上升时，保持双手靠近（但不接触）运动员的前臂靠近手腕的地方。
- 在跟随哑铃运动的过程中，稍微弯曲膝关节、髋关节和躯干，并保持背部中立。

3.12　拉绳交叉夹胸（训练机）

开始姿势

- 在做这个练习之前，请检查训练机两侧的配重片的重量是否相同。
- 站在配重片附近（配重片放在身后），左（或右）手向后伸，以中立握闭握的方式握住一个手柄。将手柄向下拉，拉向身体的左（或右）侧。
- 向另一个配重片移动，右（或左）手采用中立握法握住另一个手柄。将手柄向下拉，拉向身体的右（或左）侧。
- 移动到两个配重片之间的地面上。
- 略微弯曲肘部，一只脚向前迈出一步（进入前后站立姿势，前腿膝关节适度弯曲，后腿膝关节完全伸展），同时让肩膀水平外展（或斜外展，取决于训练机相对于肩膀的高度），远离躯干并在躯干后面。当身体处于这个姿势时，拉绳应该是绷紧的。
- 保持头部与脊柱对齐，躯干略微前曲，检查双脚是否指向正前方。

开始姿势

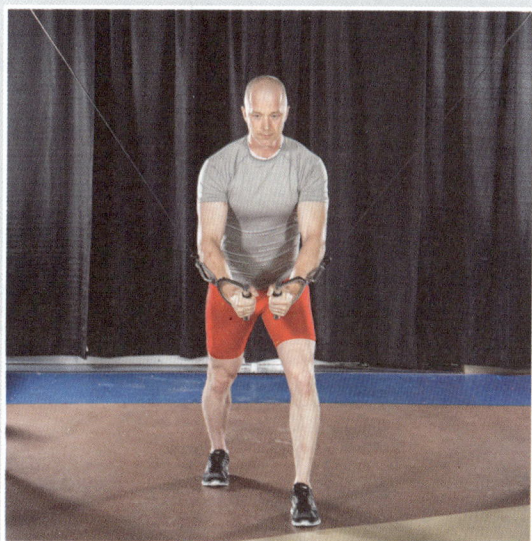

结束姿势

上半身训练动作

- 检查肘部是否略微弯曲，是否采用中立握法握住手柄；并在整个练习过程中保持这些姿势。
- 所有的重复练习都是从这个姿势开始的。

向前运动

- 开始做练习时，有控制地以较大弧度内收肩部。肘关节保持角度不变，只有肩关节发生运动。为了保持稳定的身体姿势，应以相同的速度让手柄相互靠近。
- 保持略微前曲的躯干姿势。在整个运动过程中，保持手腕稳定，肘部锁定为略微弯曲的姿势，两个手柄几乎相互平行。
- 继续内收肩部，直到手柄在胸前并拢。

向后运动

- 有控制地、慢慢地让手柄回到起始位置。
- 始终保持略微前曲的躯干姿势。保持手腕稳定，肘部锁定为略微弯曲的姿势，两个手柄几乎相互平行。
- 完成一组练习后，后退一步，走向其中一个配重片，将手柄朝训练机方向引导，使配重片慢慢返回静止位置；然后向另一个配重片迈出一步，将手柄朝训练机方向引导，使另一个配重片慢慢返回静止位置。

背部（多关节）练习

名称	页码	向心运动的描述	肌肉群或身体部位	肌肉
背阔肌下拉（训练机）	132	肩部内收	上背部	背阔肌 大圆肌
		肩胛骨收缩和凹陷（内收）	上背部、中背部	中斜方肌 下斜方肌 菱形肌
		肩部伸展	背部	背阔肌 大圆肌
			肩部	三角肌后束
		肘部屈曲	上臂(前部)	肱肌 肱二头肌 肱桡肌*
俯身划船	134	与背阔肌下拉（训练机）相同，但向心运动不包括肩部内收		
单臂哑铃划船	136	与背阔肌下拉（训练机）相同，但向心运动不包括肩部内收		
低位滑轮坐姿划船（训练机）	138	与背阔肌下拉（训练机）相同，但向心运动不包括肩部内收		
坐姿划船（训练机）	140	与背阔肌下拉（训练机）相同，但向心运动不包括肩部内收		
绳索面拉（训练机）	142	肩胛骨收缩	上背部、中背部	背阔肌 大圆肌 中斜方肌 菱形肌

*肱桡肌主要位于前臂的上部和外侧，但在肘部屈曲时它也参与其中。

3.13　背阔肌下拉（训练机）

开始姿势

- 采用正握闭握的方式握住把杆（此练习可以使用各种类型的把杆配件；大多数把杆长 91～122 厘米，末端略带角度）。
- 把杆的常见握持宽度是将双手分别握在把杆两端的弯曲处。如果把杆完全是笔直的，则可采用比肩更宽的握距，并在把杆上采用两侧对称的握距。
- 将把杆下拉并移动到下列位置之一。
  - 如果训练机上有座椅，请面对配重片坐下，双腿放在大腿垫下方，双脚平放在地上（如果训练机座椅可调节，则调节座椅至大腿与地面大致平行，且双脚平放在地上）。
  - 如果训练机上没有安装座椅，则面向训练机呈单膝跪姿，一侧腿的膝盖跪在顶部滑轮下方，另一侧脚放在身体前面，平放在地上。

开始姿势

结束姿势

- 肘部应完全伸直，将选定的负荷悬挂在配重片其余部分的上方。
- 在开始练习之前，将躯干稍微向后倾斜并伸展颈部，以便在拉下把杆时有一个清晰的路径，使其从面部经过。这种姿势还会减少对肩关节的冲击压力。
- 所有的重复练习都是从这个姿势开始的。

下降运动

- 练习开始时，将把杆往下拉；在把杆下降时，肘部应向下和向后移动，同时胸部向上和向外展开。
- 保持稳定的身体姿势，不要通过猛烈晃动躯干或快速后倾身体来下拉把杆。
- 继续将把杆朝下和朝向身体拉动（不仅是向下），直到把杆接触锁骨和上胸部区域。把杆处于底部位置时，身体应略微向后倾斜。

上升运动

- 有控制地、缓慢地将把杆引导至起始位置，不要让把杆将手臂向上猛拉。
- 保持躯干后倾姿势和下半身姿势不变。
- 在上升运动结束时，肘部应完全伸直。
- 完成一组练习后，慢慢站起来，有控制地将把杆引导至其静止位置。

上半身训练动作

3.14 俯身划船

开始姿势

- 以正握闭握的方式两侧对称地抓住杠铃杆，双手间距略大于肩宽。
- 遵守身体预备姿势和举重指南，将杠铃从地面上提起到大腿前的位置。身体应先完全挺直，再进入俯身划船的屈体姿势。
- 双脚分开，与肩同宽（或略宽于肩），膝关节略微弯曲。
- 向前屈髋，使躯干几乎与地面平行，同时继续保持之前的屈膝姿势。
- 双肩向后拉，胸部向外推，略微伸展颈部，形成背部中立姿势或微微反弓（非拱背）的背部姿势。不要试图抬头看天花板，盯着双脚前方不远处即可。
- 允许杠铃在肘部完全伸直时处于悬垂状态；调整膝关节和躯干的弯曲程度，使杠铃配重片不与地面接触。
- 所有的重复练习都是从这个姿势开始的。

开始姿势

结束姿势

上半身训练动作

上升运动

- 开始练习时，将杠铃拉向躯干；肘部应指向两侧，远离身体，手腕保持伸直。不要往上卷曲杠铃。
- 保持身体姿势不变，不要耸肩、摆动身体（如过度伸展脊柱）、过度伸展颈部、伸展膝关节或踮起脚尖来帮助提起杠铃。
- 继续向上提拉杠铃，直到杠铃接触到胸骨或上腹部。在杠铃到达最高位置时，肘部应高于躯干（从侧面看）。

下降运动

- 有控制地、缓慢地降低杠铃至起始位置，不要向前弯曲躯干、伸展膝关节或让身体重心转移到脚尖上。
- 躯干不动，保持脊柱中立和膝关节弯曲姿势，双脚平放在地面上。
- 在下降运动结束时，肘部应完全伸直。
- 在完成一组练习后，以相同的速度缓慢地屈膝屈髋，有控制地下蹲并将杠铃放回地面。

3.15 单臂哑铃划船

开始姿势

- 站在水平的训练凳一侧（身体与训练凳垂直，而不是平行），将哑铃放在地面上。
- 双脚与肩同宽，膝关节微屈。
- 一只手向下伸，采用闭握中立握法握住哑铃。
- 向前屈髋，躯干比平行于地面的水平略高，哑铃在肘部完全伸直时下垂。另一只手应放在训练凳上以获得支撑。
- 肩膀向后拉，胸部向外推，稍微伸展颈部，形成脊柱中立姿势。不要试图抬头看天花板，视线盯着双脚前方不远处即可。
- 所有的重复练习都是从这个姿势开始的。

开始姿势　　　　　　　　　　　　　　　　结束姿势（单臂）

上升运动

- 开始练习时，将哑铃拉向躯干；上臂和肘部应靠近身体一侧，手腕伸直，不要向上或向内弯举哑铃。
- 保持相同的静止身体姿势，不要通过向上摆动上半身或猛拉来帮助提起哑铃。
- 继续向上提拉哑铃，直到哑铃接触到外胸部或胸腔区域的一侧。在哑铃到达最高位置时，肘部应高于躯干（从侧面看）。

下降运动

- 有控制地、缓慢地将哑铃降至起始位置，不要让哑铃快速落下拉拽手臂。
- 躯干不动，保持脊柱中立和膝关节弯曲姿势，双脚平放在地面上。
- 用一侧手臂完成一组练习后，换另一侧手臂重复此过程。

上半身训练动作

3.16　低位滑轮坐姿划船（训练机）

开始姿势

- 坐在面向训练机（器械）的长坐垫上（如果没有这样的垫子，可以坐在地板上）。
- 将脚放在足部支撑架或器械框架上。
- 屈膝屈髋，采用闭握中立握法抓住手柄（可以在此练习中使用各种手柄配件；常见的一种手柄是可使双手采用中立握法的三角形双手柄，此外，也可以采用正握握法）。
- 将手柄向后拉，坐直身体，躯干与地面垂直，膝关节略微弯曲，双脚和双腿相互平行。
- 肘部应完全伸直，手臂与地面平行（或比平行于地面的水平略低），将选定的负荷悬挂在配重片其余部分的上方。
- 所有的重复练习都是从这个姿势开始的。

开始姿势

结束姿势

向后运动

- 开始练习时，将手柄拉向腹部。肘部应相对靠近或贴住躯干两侧，而不是指向两侧。
- 身体姿势保持稳定，不要通过猛拉躯干、伸展膝关节或快速后倾来帮助拉动手柄。
- 继续拉动手柄，直到前臂或手腕压在躯干上或手柄接触到腹部。

向前运动

- 有控制地、缓慢地将手柄移动回起始位置，不要让负重手柄将手臂向前猛拽。
- 保持躯干静止和膝关节弯曲姿势。
- 在向前运动结束时，肘部应完全伸直。
- 完成一组练习后，屈膝屈髋，慢慢向前移动，并让手柄回到静止位置。

3.17　坐姿划船（训练机）

开始姿势

- 在做这个练习之前，请检查器械座椅的高度和胸垫的位置并进行调节，以适应以下情况。
    - 大腿与地面大致平行（双脚平放在地面上或放在足部支撑架上）。
    - 坐直身体时，躯干垂直于地面，躯干靠在胸垫上。
    - 握住手柄时，手臂与地面大致平行。
- 采用正握闭握的方式抓住手柄（如果需要的话，也可以采用中立握法），然后重新定位身体，以形成躯干直立的坐姿。

开始姿势

结束姿势

- 肘部应完全伸直，手臂大致与地面平行，将选定的负荷悬挂在配重片其余部分的上方。
- 所有的重复练习都是从这个姿势开始的。

向后运动

- 根据器械类型，开始练习时，将手柄拉向躯干、胸部、上腹部或下腹部。肘部应相对靠近或靠近躯干两侧（取决于使用的手柄），而不是指向两侧。
- 身体姿势保持稳定，不要通过快速向后倾斜来帮助拉动手柄。
- 继续拉动手柄，直到前臂或手腕压在躯干上或手柄接触到躯干。

向前运动

- 有控制地、缓慢地将手柄移动到起始位置，不要让负重手柄将手臂向前猛拽。
- 保持躯干静止姿势。
- 在向前运动结束时，肘部应完全伸直。
- 完成一组练习后，将手柄引导回静止位置。

上半身训练动作

3.18 绳索面拉（训练机）

开始姿势

- 面对一台高位滑轮绳索机站立，采用正握闭握的方式握住绳柄，掌心面向地面。
- 向后退到离训练机足够远的地方，这样当手臂在面部前面完全伸展，肘部指向两侧时，拉绳就会产生阻力。双膝弯曲、双脚平行，形成一个稳定的身体姿势。
- 检查头部是否与脊柱成一直线，躯干是否完全直立。
- 所有的重复练习都是从这个姿势开始的。

向后运动

- 开始练习时，先缩回肩胛骨，肘部仍然完全伸直。
- 通过水平外展肩部和弯曲肘部，将绳柄拉向面部。

开始姿势   结束姿势

- 当上臂与肩部的额状面对齐时，往外旋转上臂并继续向后运动，直到绳柄的连接中心部位接近面部。

向前运动

- 让上臂内旋，肘部伸展，肩部水平内收，肩胛骨回到起始位置。
- 在整个运动过程中，保持头部、躯干和身体姿势不变。
- 完成一组练习后，向前移动，使配重片回到静止位置。

上半身训练动作

背部（单关节）练习

名称	页码	向心运动的描述	肌肉群或身体部位	肌肉
杠铃过顶拉举*	146	肩胛骨收缩和凹陷（内收）	上背部、中背部	中斜方肌 下斜方肌 菱形肌
		肩部伸展	背部	背阔肌 大圆肌
			肩部	三角肌后束
哑铃过顶拉举*	148	与杠铃过顶拉举相同		
直臂背阔肌下拉（训练机）	150	与杠铃过顶拉举相同		

*一些文献认为，在此类练习中，胸部肌肉也得到了训练，尤其是在肩部屈曲的末端范围内。

图标表示这是一个需要协助者的练习。

3.19　杠铃过顶拉举

开始姿势（运动员）

- 杠铃过顶拉举（Barbell Pull-Over）也叫杠铃过头拉举或杠铃仰卧拉举。
- 将肩部和上背部放在与身体垂直的训练凳上，头部悬空，处于中立位置。
- 双脚平放在地面上，膝关节弯曲90度，髋部伸展，腹部和臀部收紧。
- 向协助者示意开始，让其帮忙从地面上提起杠铃。
- 以正握闭握的方式握住杠铃杆（可以是EZ曲杆或直杆），双手与肩同宽（如果需要让肩关节感到舒适，握距可以稍微宽一些）。
- 将杠铃杆移至胸部或颈部上方的位置，肘部略微弯曲，上臂与躯干约成90度。
- 所有的重复练习都是从这个姿势开始的。

开始姿势（协助者）

- 在训练凳顶部的后面站立。
- 双脚呈前后站立姿势，间距与肩同宽，双膝微屈。
- 采用正反握闭握的方式抓握杠铃杆。
- 把杠铃杆交给运动员。
- 将杠铃杆引导至运动员胸部或颈部上方的位置。
- 平稳地松开杠铃杆。

起始位置

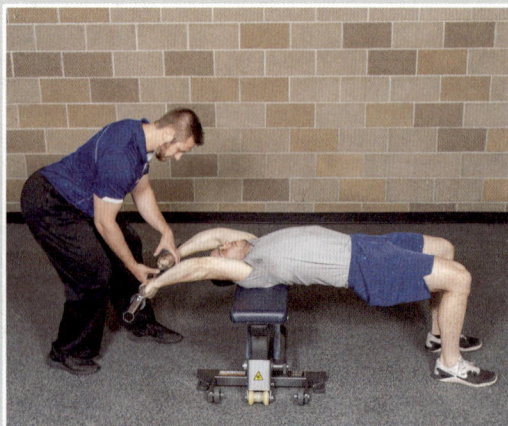

底部位置

下降运动（运动员）

- 用核心来提供支撑，保持肘部略微弯曲，同时降低杠铃杆（即让肩关节弯曲），直到杠铃杆到达肩后并与头部大致齐平。
- 肘关节保持角度不变，只有肩关节发生运动。
- 保持头部、躯干、臀部和双脚都位于起始位置。

下降运动（协助者）

- 在下降运动中，双手以正反握的姿势保护运动员，靠近但不接触杠铃杆。
- 弯曲膝关节、髋关节和躯干，并在跟随杠铃杆运动的过程中保持背部中立。

上升运动（运动员）

- 有控制地将杠铃杆向上提拉至起始位置。肘关节保持角度不变，只有肩关节发生运动。
- 完成一组练习后，向协助者示意，让其协助放回杠铃，但同时要牢牢抓住杠铃杆，直到协助者完全控制住杠铃。

上升运动（协助者）

- 在上升运动中，双手以正反握的姿势保护运动员，靠近但不接触杠铃杆。
- 稍微伸展膝关节、髋关节和躯干，并在跟随杠铃杆运动的过程中保持背部中立。
- 完成一组练习后，在运动员示意结束后，采用正反握闭握的方式握住杠铃杆，从运动员手中接过杠铃，并将其放在地面上。

上半身训练动作

3.20　哑铃过顶拉举

开始姿势（运动员）

- 哑铃过顶拉举（Dumbbell Pull-Over）也叫哑铃过头拉举或哑铃仰卧拉举。
- 将肩部和上背部放在与身体垂直的训练凳上，头部悬空，处于中立位置。
- 双脚平放在地面上，膝关节弯曲90度，髋部伸展，腹部和臀部收紧。
- 向协助者示意开始，让其帮忙从地面上提起哑铃。
- 采用闭握的方式握住哑铃的上半部分——两只手分别放在配重片的两侧或哑铃的铃铛部分。
- 将哑铃移至胸部或颈部上方的位置，肘部略微弯曲，上臂与躯干约成90度。
- 所有的重复练习都是从这个姿势开始的。

开始姿势（协助者）

- 在训练凳顶部的后面站立。
- 双脚呈前后站立姿势，间距与肩同宽，双膝微屈。
- 采用闭握的方式握住哑铃的一半（一侧）；在举起哑铃时，使哑铃直立。

起始位置　　　　　　　　　　底部位置

- 将哑铃交给运动员，让运动员抓住哑铃的上半部分。
- 将哑铃引导至运动员胸部或颈部上方的位置。
- 平稳地松开哑铃。

下降运动（运动员）

- 用核心来提供支撑，保持肘部略微弯曲，同时降低哑铃（即让肩关节弯曲），直到哑铃到达肩后并与头部大致齐平。
- 肘关节保持角度不变，只有肩关节发生运动。
- 保持头部、躯干、臀部和双脚都位于起始位置。

下降运动（协助者）

- 在降低哑铃时，双手在哑铃的下半部分的下方，靠近（但不接触）哑铃。
- 弯曲膝关节、髋关节和躯干，并在跟随哑铃运动的过程中保持背部中立。

上升运动（运动员）

- 有控制地将哑铃向上提拉至起始位置。肘关节保持角度不变，只有肩关节发生运动。
- 完成一组练习后，向协助者示意，让其协助放回哑铃，但同时要牢牢抓住哑铃，直到协助者完全控制住哑铃。

上升运动（协助者）

- 在举起哑铃时，双手在哑铃下半部分的下方，靠近但不接触哑铃。
- 稍微伸展膝关节、髋关节和躯干，并在跟随哑铃运动的过程中保持背部中立。
- 完成一组练习后，在运动员示意结束后，采用闭握的方式握住哑铃下半部分，从运动员手中接过哑铃，并将其放在地面上。

上半身训练动作

3.21　直臂背阔肌下拉（训练机）

开始姿势

- 面向一台高位滑轮绳索机站立，其锚点要与肩同高或高于肩高，站在离锚点足够远的位置，以便在开始练习时拉绳有足够的阻力，但也不能太远，以免配重片在下降运动结束时砸到器械顶部。
- 身体成运动员基本准备姿势：双脚分开，与髋部同宽，略微屈膝屈髋。
- 用正握闭握的方式握住把杆，握距比肩宽，肘部几乎完全伸直。
- 稍微弯曲肘部，并在整个练习过程中保持这种姿势。
- 在起始位置，手臂应比平行于地面的水平略高。
- 所有的重复练习都是从这个姿势开始的。

开始姿势　　　　　　　　　　　　　结束姿势

下降运动

- 肘部保持为开始姿势，不要耸肩，将把杆向下移动到大腿前的位置。
- 向下拉把杆的时候，保持躯干直立；不要通过向前弯曲躯干或屈髋屈膝来帮助完成下降运动。
- 保持手腕和肘部稳定。肘关节保持角度不变，只有肩关节发生运动。
- 继续向下拉把杆，直到把杆触碰到大腿。

上升运动

- 有控制地、缓慢地将把杆引导回起始位置，不要让把杆将手臂向上猛拉。
- 保持手腕和肘部稳定。肘关节保持角度不变，只有肩关节发生运动。
- 完成一组练习后，有控制地将把杆引导至其静止位置。

肩部（多关节）练习

名称	页码	向心运动的描述	肌肉群或身体部位	肌肉
肩上推举（训练机）	154	肩部外展	肩部	三角肌前束 三角肌中束
		肩胛骨前伸（外展）	上肩部和上背部	斜方肌
			肩胛骨	前锯肌
		肘部伸展	上臂（后部）	肱三头肌
坐姿杠铃肩上推举	156	与肩上推举（训练机）相同		
坐姿哑铃肩上推举	159	与肩上推举（训练机）相同		
站姿划船	162	肩部外展	肩部	三角肌前束 三角肌中束 三角肌后束
		肩胛骨上提	肩部和上背部	斜方肌
			肩胛骨	前锯肌
		肘部屈曲	上臂(前部)	肱肌 肱二头肌 肱桡肌*

图标表示这是一个需要协助者的练习。

*肱桡肌主要位于前臂的上部和外侧，但在肘部屈曲时它也参与其中。

3.22　肩上推举（训练机）

开始姿势

- 在做这个练习之前，请检查训练机（器械）的座椅高度并进行调节，以适应以下情况。
  - 大腿与地面平行（双脚平放）。
  - 肩部几乎与手柄齐平（连接两个手柄的假想线不应低于肩部顶部或颈部底部）。
  - 身体处于足够低的位置，使头部能与训练凳顶部的垫子接触。
- 坐在训练机的座椅上，身体向后倾斜，使身体呈五点接触姿势（参见练习3.1）。

开始姿势　　　　　　　　　　　　　结束姿势

- 采用正握闭握的方式抓住手柄（如果需要，也可以采用中立握法）。
- 所有的重复练习都是从这个姿势开始的。

上升运动

- 开始练习时，将手柄向上推。
- 始终保持身体五点接触姿势，不要弓背、抬高臀部或用力蹬腿。
- 保持手腕稳定，两侧前臂大致平行；继续将手柄向上推，直到肘部完全伸直，但不要用力锁肘。

下降运动

- 有控制地将手柄向下缓慢移动到起始位置，降低手柄时不要向前弯曲躯干。
- 始终保持身体五点接触姿势，不要让手柄快速下移以增加反弹来帮助完成下一次练习。
- 完成一组练习后，让手柄回到静止位置。

上半身训练动作

3.23　坐姿杠铃肩上推举

开始姿势（运动员）

- 在做这个练习之前，请检查肩上推举训练凳的座椅。如果座椅是可调节的，请调节座椅，以适应以下情况。
  - 大腿与地面大致平行（双脚平放）。
  - 头部低于架子上的杠铃，并靠在训练凳顶部的垫子（如果有的话）上。
  - 可以将杠铃抬起放回支撑托架或壁架上，以免撞到头顶（如果座椅太高）或需要伸腿来帮助够到杠铃（如果座椅太低）。
- 以身体五点接触姿势坐在座椅上（参见练习3.1）。

起始位置

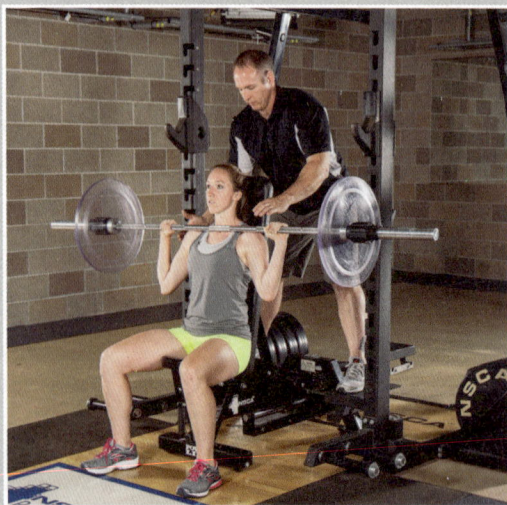

底部位置

- 以正握闭握的方式在两侧均衡地抓住杠铃杆，双手间距略宽于肩。
- 向协助者示意开始，让其协助将杠铃从架子上移到头部上方，肘部完全伸直。这就是起杠的过程。
- 所有的重复练习都是从这个姿势开始的。

开始姿势（协助者）

- 在训练凳后面站立。
- 双脚分开，至少与肩同宽，膝关节略微弯曲。
- 在运动员双手的内侧，采用正反握闭握的方式握住杠铃杆。
- 在运动员示意开始后，协助运动员将杠铃从架子上抬起。
- 将杠铃引导至运动员头部上方的位置。
- 平稳地松开杠铃杆。

下降运动（运动员）

- 开始做练习时，有控制地、缓慢地降低杠铃。
- 保持手腕稳定，两侧前臂垂直于地面并相互平行。双手握距将决定前臂相互平行的程度。
- 稍微伸展颈部，将杠铃杆降低到脸的正前方；不要让杠铃杆在降低过程中碰到前额或鼻子。
- 继续降低杠铃，直到杠铃杆轻轻触碰到锁骨；不要在肩上弹起杠铃或拱起下背部。
- 始终保持头部、躯干、髋部和双脚处于五点接触的身体姿势。

下降运动（协助者）

- 在下降运动中，双手以正反握的姿势保护运动员，靠近但不接触杠铃杆。
- 稍微弯曲膝关节、髋关节和躯干，并在跟随杠铃杆运动的过程中保持背部中立。

上升运动（运动员）

- 稍微伸展颈部，将杠铃垂直向上推，直到它越过前额。
- 不要通过拱腰、挺髋或蹬腿来辅助将杠铃向上推（尝试站起来），身体和双脚不应离开初始位置。
- 保持手腕稳定，两侧前臂垂直于地面并相互平行。
- 继续将杠铃向上推举，直到肘部完全伸展（但不要用力锁肘），使杠铃位于头部上方。
- 完成一组练习后，向协助者示意，让其帮助架回杠铃，但要一直握住杠铃杆，直到杠铃两端稳定地放回支撑托架或壁架。

上升运动（协助者）

- 在上升运动中，双手以正反握的姿势保护运动员，靠近但不接触杠铃杆。
- 稍微伸展膝关节、髋关节和躯干，并在跟随杠铃杆运动的过程中保持背部中立。
- 完成一组练习后，在运动员示意结束后，在其双手内侧以正反握方式握住杠铃杆。
- 将杠铃引导回支撑托架上。
- 握住杠铃杆，直到杠铃两端稳定地放回支撑托架或壁架。

3.24　坐姿哑铃肩上推举

开始姿势（运动员）

- 在拿起哑铃之前，请检查训练凳的座椅。如果座椅可调节，请调节座椅，以适应以下情况。
  - 大腿与地面大致平行（双脚平放）。
  - 身体处于足够低的位置，使头部靠在训练凳的垫子（如果有的话）上。
  - 在做练习的过程中，确保哑铃不会撞上力量架的立柱（如果在力量架当中练习）。
- 以闭握的方式握住两个相等重量的哑铃，将哑铃下半部的外表面靠在大腿前部（哑铃手柄相互平行）。
- 坐在座椅上，将哑铃放在大腿上。将哑铃移至肩部外侧，使哑铃手柄与肩部顶部或颈部底部齐平。
- 重新定位头部、肩部、臀部和双脚，使身体呈五点接触姿势（参见练习3.1）。
- 常见的哑铃握姿是正握，即将哑铃手柄对齐，掌心背对面部；另一种握姿是中立握（即两侧相互平行，掌心相对）。
- 所有的重复练习都是从这个姿势开始的。

开始姿势（协助者）

- 在训练凳后面站立。
- 双脚分开，与肩同宽，膝关节略微弯曲。
- 抓住运动员的前臂靠近手腕的地方。
- 在运动员示意开始后，协助运动员将哑铃移至肩部外侧。
- 平稳地放开运动员的前臂。

上升运动（运动员）

- 开始练习时，两侧以相同的速度向上推举哑铃，并使它们略微靠近彼此，保持哑铃处于控制之中。
- 始终保持身体五点接触姿势；不要弓背或抬高臀部，也不要蹬腿起身上推。
- 保持手腕稳定，前臂垂直于地面，哑铃手柄相互对齐；不要让哑铃在推举过程中摇摆不定。
- 手、肘和肩膀应该在同一垂直平面上。
- 继续向上推举哑铃，直到肘部完全伸直。保持两侧前臂几乎相互平行；哑铃可以在头部上方朝彼此移动，但不要让它们碰撞在一起。

开始姿势

结束姿势

上升运动（协助者）

- 哑铃上升时，保持双手靠近（但不接触）运动员的前臂靠近手腕的地方。
- 在跟随哑铃运动的过程中，保持背部中立。

下降运动（运动员）

- 有控制地、缓慢地将哑铃降至起始位置。为了在训练凳上保持稳定的身体姿势，两侧应以同样的速度降低哑铃。
- 保持手腕稳定，前臂垂直于地面，哑铃手柄相互对齐。
- 继续降低哑铃，直到它们与肩膀顶部或脖子底部齐平；不要在肩膀上方弹起哑铃或耸肩来接住哑铃。
- 始终保持头部、躯干、髋部和双脚处于五点接触的身体姿势。
- 完成一组练习后，慢慢将哑铃降至大腿处，然后有控制地、一次一个地将哑铃放回地面。

下降运动（协助者）

- 哑铃下降时，保持双手靠近（但不接触）运动员的前臂靠近手腕的地方。
- 在跟随哑铃运动的过程中，保持背部中立。

上半身训练动作

3.25　站姿划船

开始姿势

- 以正握闭握的方式在两侧均衡地抓住杠铃杆，握距与肩同宽，或略宽于肩。
- 遵守身体预备姿势和举重指南，将杠铃杆从地面上提升到大腿前的位置。
- 双脚分开，与肩部或髋部同宽，膝关节略微弯曲，躯干直立，双肩向后，眼睛注视前方。
- 肘部完全伸直时，杠铃处于悬垂状态。
- 所有的重复练习都是从这个姿势开始的。

开始姿势　　　　　　　　　　　　　　　结束姿势

上升运动

- 开始练习时，通过外展肩部和弯曲肘部，将杠铃沿着腹部和胸部向上拉。
- 当杠铃经过躯干时，保持肘部指向两侧，不要向上弯举杠铃。
- 始终保持身体姿势；不要耸肩或摆动身体（即过度伸展脊柱），不要过度伸展颈部、膝关节或踮起脚尖来帮助向上提拉杠铃。
- 继续向上提拉杠铃，直到杠铃到达胸骨底部和下巴之间的区域（取决于手臂长度和肩部柔韧性）。在杠铃到达最高位置时，肘部应与肩部和腕部持平或略高于肩部。

下降运动

- 有控制地、缓慢地降低杠铃至起始位置，不要向前弯曲躯干，在底部位置用大腿反弹杠铃，或让身体重心转移到脚尖。
- 保持身体姿势不变，双脚平放在地面上。
- 在下降运动结束时，肘部应完全伸直。
- 在完成一组练习后，以相同的速度缓慢地屈膝屈髋（以保持躯干直立），有控制地下蹲并将杠铃放回地面。

上半身训练动作

肩部（单关节）练习

名称	页码	向心运动的描述	肌肉群或身体部位	肌肉
侧平举	166	肩部外展	肩部	三角肌中束
俯身侧平举	168	肩膀横向（水平）外展	肩部	三角肌后束
肩部前平举	170	肩部屈曲	肩部	三角肌前束
俯卧T字伸展	172	肩部横向（水平）外展（外展90度）	肩部	三角肌后束 斜方肌 菱形肌
俯卧Y字伸展	172	肩部横向（水平）外展（外展100度）	肩部	三角肌后束 下斜方肌 冈上肌
俯卧I字伸展	172	肩部屈曲	肩部	三角肌前束 前锯肌

3.26　侧平举

开始姿势

- 以中立握闭握的方式握住两个重量相等的哑铃。
- 遵守身体预备姿势和举重指南，将哑铃抬离地面，使其悬垂在大腿旁边。
- 双脚分开，与肩部或髋部同宽，膝关节略微弯曲，躯干挺直，双肩向后，眼睛注视前方。
- 将哑铃移至大腿前方，双手掌心相对（这样会形成一个中立握姿势）。
- 稍微弯曲肘部，并在整个练习过程中保持这种姿势。（注意，肘部应该比示例照片中看到的稍微弯曲一些。）
- 所有的重复练习都是从这个姿势开始的。

开始姿势

结束姿势

上升运动

- 开始练习时，向两侧举起哑铃。肘关节角度保持不变，只有肩关节发生运动。
- 腕部保持稳定，肘部锁定为略微弯曲的姿势；继续采用中立握法握住哑铃。
- 上臂和肘部应与前臂、手和哑铃一起抬起。
- 保持身体姿势不变；不要耸肩或摆动身体（如过度伸展脊柱），不要伸展膝关节或踮起脚尖来帮助向上举起哑铃。
- 继续举起哑铃，直到手臂与地面平行或与肩部大致齐平。

下降运动

- 有控制地、缓慢地降低哑铃至起始位置，不要向前弯曲躯干、伸展膝关节或让身体重心转移到脚尖上。
- 保持手腕稳定，肘部锁定为略微弯曲的姿势。
- 保持身体姿势不变，不要让哑铃向下拽动手臂。
- 继续降低哑铃，直到哑铃回到大腿前方；不要在大腿上弹起哑铃来帮助实现下一次练习。
- 在完成一组练习后，以相同的速度缓慢地屈膝屈髋（以保持躯干直立），有控制地下蹲并将哑铃放回地面。

3.27　俯身侧平举

开始姿势

- 俯身侧平举（Bent-Over Lateral Raise）也叫哑铃俯身飞鸟。
- 以闭握的方式握住两个相等重量的哑铃。
- 遵守身体预备姿势和举重指南，将哑铃抬离地面，使其悬垂在大腿旁边。身体应该先完全直立，再进入俯身侧平举的躯干弯曲姿势。
- 双脚分开，与肩部或髋部同宽，膝关节微屈。
- 躯干向前弯曲至略高于与地面平行的位置，同时保持之前的膝关节微屈姿势。
- 双肩向后拉，胸部向外推，略微伸展颈部，形成背部中立姿势或微微反弓（非拱背）的背部姿势。不要试图抬头看天花板，注视双脚前方不远处即可。
- 允许哑铃处于悬垂状态；调整膝关节和躯干的弯曲程度，使哑铃不与地面接触。
- 用中立握法握住哑铃，手柄相互平行，肘部指向两侧。

开始姿势

结束姿势

- 略微弯曲肘部，并在整个练习过程中保持弯曲姿势。（注意，肘部应该比示例照片中看到的稍微弯曲一些。）
- 所有的重复练习都是从这个姿势开始的。

上升运动

- 开始练习时，向两侧举起哑铃。肘关节保持角度不变，只有肩关节发生运动。
- 腕部保持稳定，肘部锁定为略微弯曲姿势，保持双手中立握的姿势。
- 在上升运动的过程中，上臂、肘部、前臂和哑铃应几乎保持在同一垂直平面（垂直于身体）上。双肘应该一起抬起。
- 保持脊柱中立，躯干静止，膝关节弯曲，双脚平放在地面上；不要摆动身体（如过度伸展脊柱）、伸展膝关节或踮起脚尖来帮助向上举起哑铃。
- 继续举起哑铃，直到上臂与地面大致平行或与肩部大致齐平。在到达最高位置时，肘部会略高于哑铃（从侧面看）。

下降运动

- 有控制地、缓慢地降低哑铃至起始位置，不要向前弯曲躯干、伸展膝关节或让身体重心转移到脚尖上。
- 保持手腕稳定，肘部锁定为略微弯曲的姿势。
- 保持脊柱中立，躯干静止，膝关节弯曲，双脚平放在地面上。
- 继续降低哑铃，直到哑铃回到悬垂的起始位置；在下降运动过程中，保持哑铃手柄相互平行。
- 在完成一组练习后，以相同的速度缓慢地屈膝屈髋，有控制地下蹲并将哑铃放回地面。

上半身训练动作

3.28　肩部前平举

开始姿势

- 以闭握的方式握住两个重量相等的哑铃。
- 遵守身体预备姿势和举重指南，将哑铃抬离地面，使其悬垂在大腿旁边。
- 双脚分开，与肩部或髋部同宽，膝关节略微弯曲，躯干直立，双肩向后，眼睛注视前方。
- 将哑铃移动到大腿前方，以正握的方式握住哑铃，掌心面向大腿。
- 稍微弯曲肘部，并在整个练习过程中保持这种弯曲姿势。（注意，肘部应该比示例照片中看到的稍微弯曲一些。）
- 所有的重复练习都是从这个姿势开始的。

上升运动

- 开始练习时，右手在身体前方举起哑铃。右肘关节不应有任何运动，运动只发生在右肩。

开始姿势　　　　　　　　　　　结束姿势（单臂）

- 保持右手腕稳定，右肘锁定为略微弯曲姿势；保持掌心向下握住哑铃的姿势。
- 保持身体姿势不变，不要耸肩、摆动身体（即过度伸展脊柱）、伸展膝关节或踮起脚尖来帮助向上举起哑铃。
- 继续举起哑铃，直到右臂与地面平行或与右肩大致齐平。当抬起右臂时，左臂保持静止不动（也可以通过同时举起和放下两侧哑铃来做这个练习）。

下降运动

- 有控制地、缓慢地降低哑铃至起始位置，不要向前弯曲躯干、伸展膝关节或让身体重心转移到脚尖上。
- 保持右手腕稳定，右肘部锁定为略微弯曲的姿势。
- 保持身体姿势不变，不要让哑铃失重向下拽动手臂。
- 继续降低哑铃，直到它回到右大腿前方。在右臂下降时，左臂保持静止不动。
- 换左臂重复完成上升运动和下降运动。
- 在完成一组练习后，以相同的速度缓慢地屈膝屈髋（以保持躯干直立），有控制地下蹲并将哑铃放回地面。

3.29 俯卧T字、Y字和I字伸展[*]

这些练习也可以使用阻力带或拉绳机以站立姿势进行。此外，还可以有一些动作变化，例如俯卧 W 字伸展。

开始姿势

- 俯卧在稳定球（瑞士球）或倾斜20~35度的训练凳上，双脚平放在地面上。
- 保持中立位、头朝下姿势。
- 双臂悬垂，以中立握闭握的方式握住哑铃。
- 完全伸直肘部，并在整个练习过程中保持这种稳定的姿势。
- 所有的重复练习都是从这个姿势开始的。

上升和下降运动：T字伸展

- 将肩胛骨挤压在一起，双臂与躯干成90度抬起，形成T字形。
- 降低哑铃，使双臂回到起始位置。

上升和下降运动：Y字伸展

- 将肩胛骨挤压在一起，以45度抬起双臂，形成Y字形。
- 降低哑铃，使双臂回到起始位置。

俯卧T字伸展的开始姿势　　　　　俯卧T字伸展的结束姿势

---

* 这3个动作开始姿势相同，故放在一起讲解。

上升和下降运动：I字伸展

- 将肩胛骨挤压在一起，将双臂举到肩膀的正上方，形成I字形。
- 降低哑铃，使双臂回到起始位置。

俯卧Y字伸展的开始姿势

俯卧Y字伸展的结束姿势

俯卧I字伸展的开始姿势

俯卧I字伸展的结束姿势

肱二头肌（单关节）练习

名称	页码	向心运动的描述	肌肉群或身体部位	肌肉
杠铃肱二头肌弯举	176	肘部屈曲	上臂(前部)	肱肌 肱二头肌（强调） 肱桡肌*
EZ曲杆肱二头肌弯举	178	与杠铃肱二头肌弯举相同		
锤式弯举	180	与杠铃肱二头肌弯举相同		肱肌（重点） 肱二头肌 肱桡肌*（重点）
哑铃交替弯举	182	与杠铃肱二头肌弯举相同		肱肌 肱二头肌 肱桡肌*

*肱桡肌主要位于前臂的上部和外侧，但在肘部屈曲时它也参与其中。

3.30　杠铃肱二头肌弯举

开始姿势

- 以反握闭握的方式在两侧均衡地抓住杠铃杆。
- 遵守身体预备姿势和举重指南，将杠铃从地面上抬升到大腿前侧位置。
- 常规的握距是将双手放在杠铃杆上垂下后，使手臂触碰到躯干或髋部的两侧，双手的尺侧接触大腿两侧。
- 双脚分开，与肩部或髋部同宽，膝关节略微弯曲，躯干直立，双肩向后，眼睛注视前方。
- 在肘部完全伸直时，让杠铃杆靠在大腿前方。
- 所有的重复练习都是从这个姿势开始的。

开始姿势

结束姿势

上升运动

- 开始练习时，弯曲肘部，以弧形运动轨迹举起杠铃。
- 举起杠铃时，手腕保持稳定，上臂固定在躯干两侧，不要让它们向前或向外移动。肩部不应有任何运动，运动只发生在肘关节处。
- 保持身体姿势不变，不要摆动身体（即过度伸展脊柱）、耸肩、过度伸展颈部、伸展膝关节或踮起脚尖来帮助向上举起杠铃。
- 继续弯曲肘部，直到杠铃靠近三角肌前束。在杠铃到达最高位置时，如果肘部向前移动，则说明肘部弯曲角度过大。

下降运动

- 通过伸展肘部，有控制地、缓慢地降低杠铃至起始位置；不要在底部位置弹起杠铃，不要向前弯曲躯干，不要伸展膝关节，也不要将身体重心转移到脚尖上。
- 保持手腕稳定，上臂固定在躯干两侧。
- 保持身体姿势不变，双脚平放在地面上。
- 继续降低杠铃，直到肘部完全伸直，但不要用力锁肘。
- 在完成一组练习后，以相同的速度缓慢地屈膝屈髋（以保持躯干直立），有控制地下蹲并将杠铃放回地面。

上半身训练动作

3.31　EZ曲杆肱二头肌弯举

　　本练习使用了 EZ 曲杆（也称为弧形杆），它是一种短杆，可形成两种不同的握法：内侧握持和外侧握持。内侧握持：握住 EZ 曲杆，形成一个 M 字形的弯曲，双手握在狭窄的内侧。外侧握持：将 EZ 曲杆倒过来，形成一个 W 字形的弯曲，双手握在较宽的外侧。两种握法都可以使用，示例照片展示的是外侧握持。

开始姿势

- 以反握闭握的方式握住EZ曲杆，双手与肩同宽或比肩略宽。
- 由于EZ曲杆的形状，外侧握持EZ曲杆时，手掌会略微向内倾斜。
- 脊柱挺直，双脚分开，与肩同宽，膝关节略微弯曲（屈膝程度应比示例照片中看到的大一些）。
- 将EZ曲杆放在大腿前面，肘部完全伸直。
- 上臂应紧贴在躯干两侧，并垂直于地面。
- 所有的重复练习都是从这个姿势开始的。

开始姿势

结束姿势

上升运动

- 开始练习时，弯曲肘部，以弧形运动轨迹举起EZ曲杆。
- 手腕保持稳定，上臂在举起EZ曲杆时紧贴于躯干两侧不动，不要让它们向前或向外移动。肩部不应有任何运动，运动只应发生在肘关节处。
- 保持身体姿势不变，不要摆动身体（即过度伸展脊柱）、耸肩、过度伸展颈部、伸展膝关节或踮起脚尖来帮助向上举起EZ曲杆。
- 继续弯曲肘部，直到EZ曲杆靠近三角肌前束。在EZ曲杆到达最高位置时，如果肘部向前移动，则说明肘部弯曲角度过大。

下降运动

- 通过伸展肘部，有控制地、缓慢地降低EZ曲杆至起始位置；不要在底部位置弹起EZ曲杆，不要向前弯曲躯干，不要伸展膝关节，也不要将身体重心转移到脚尖上。
- 保持手腕稳定，上臂固定在躯干两侧。
- 保持身体姿势不变，双脚平放在地面上。
- 继续降低EZ曲杆，直到肘部完全伸直，但不要用力锁肘。
- 在完成一组练习后，以相同的速度缓慢地屈膝屈髋（以保持躯干直立），有控制地下蹲并将EZ曲杆放回地面。

上半身训练动作

上半身训练动作

3.32　锤式弯举

开始姿势

- 以中立握闭握的方式握住两个重量相等的哑铃。
- 遵守身体预备姿势和举重指南，将哑铃从地面上抬起，使其悬垂在大腿旁边。
- 将手臂悬垂在躯干或髋部的两侧，掌心朝向大腿外侧。
- 双脚分开，与肩部或髋部同宽，膝关节微屈，躯干挺直，双肩向后，眼睛注视前方。
- 肘部完全伸直时，哑铃处于悬垂状态。
- 所有的重复练习都是从这个姿势开始的。

开始姿势　　　　　　　　　　　　　　结束姿势（单臂）

上升运动

- 开始练习时，一只手臂通过弯曲肘部，以弧形运动轨迹向上举起一个哑铃；另一只手臂应在大腿一侧保持静止不动（每次仅涉及一只手臂）。
- 手腕保持稳定，上臂在举起哑铃时紧贴躯干一侧不动，不要让上臂向前或向外移动。肩部不应有任何运动，运动只应发生在肘关节处。
- 举起哑铃时，身体应保持中立位置。
- 保持身体姿势不变，不要摆动身体（即过度伸展脊柱）、耸肩、过度伸展颈部、伸展膝关节或踮起脚尖来帮助向上举起哑铃。
- 继续弯曲肘部，以中立握法握住哑铃，直到哑铃的上半部分靠近三角肌前束。在哑铃到达最高位置时，如果肘部向前移动，则说明肘部弯曲角度过大。

下降运动

- 有控制地、缓慢地将哑铃降至起始位置，保持中立握法。
- 不要向前弯曲躯干、伸展膝关节或让身体重心转移到脚尖上。
- 保持手腕稳定，上臂固定在躯干一侧。
- 保持身体姿势不变，双脚平放在地面上。
- 继续降低哑铃，直到肘部完全伸直，但不要用力锁肘。
- 另一只手臂应在大腿一侧保持静止不动。
- 用另一只手臂重复上升运动和下降运动；对侧手臂应保持静止不动，直到另一只手上的哑铃回到起始位置。继续交替使用手臂来完成这组练习。
- 在完成一组练习后，以相同的速度缓慢地屈膝屈髋（以保持躯干直立），有控制地下蹲并将哑铃放回地面。

3.33　哑铃交替弯举

开始姿势

- 以反握闭握的方式握住两个重量相等的哑铃。
- 遵守身体预备姿势和举重指南，将哑铃抬离地面，使其悬垂在大腿旁边。
- 将手臂放在躯干旁边，掌心朝前；也可以将手臂放在躯干旁边，掌心朝向身体两侧。
- 双脚分开，与肩部或髋部同宽，膝关节微屈（屈膝程度应比示例照片中显示的要大），躯干直立，双肩向后，眼睛注视前方。
- 肘部完全伸直时，哑铃处于悬垂状态。
- 所有的重复练习都是从这个姿势开始的。

开始姿势　　　　　　　　　　　　　结束姿势（单臂）

上升运动

- 开始练习时，一只手臂通过弯曲肘部，以弧形运动轨迹向上举起一个哑铃；另一只手臂应保持静止不动（每次仅涉及一只手臂）。
- 手腕保持稳定，上臂在举起哑铃时紧贴躯干一侧不动，不要让上臂向前或向外移动。肩部不应有任何运动，运动只应发生在肘关节处。
- 举起哑铃时，应保持反握姿势。如果采用的是中立握的开始姿势，则在哑铃离开身体一侧后，前臂和手腕向外旋转，形成掌心向上的反握姿势。
- 保持身体姿势不变，不要摆动身体（即过度伸展脊柱）、耸肩、过度伸展颈部、伸展膝关节或踮起脚尖来帮助向上举起哑铃。
- 继续弯曲肘部，直到哑铃靠近三角肌前束。在哑铃到达最高位置时，如果肘部向前移动，那么说明肘部弯曲角度过大。

下降运动

- 有控制地、缓慢地将哑铃降至起始位置，保持反握姿势。如果采用中立握的开始姿势，当哑铃接近身体一侧时，前臂和手腕向内旋转，形成掌心向内的中立握姿。
- 不要向前弯曲躯干、伸展膝关节或让身体重心转移到脚尖上。
- 保持手腕稳定，上臂固定在躯干一侧。
- 保持身体姿势不变，双脚平放在地面上。
- 继续降低哑铃，直到肘部完全伸直，但不要用力锁肘。
- 另一只手臂应保持不动。
- 用另一只手臂重复上升运动和下降运动；对侧手臂应保持静止不动，直到另一只手上的哑铃回到起始位置。继续交替使用手臂来完成这组练习。
- 在完成一组练习后，以相同的速度缓慢地屈膝屈髋（以保持躯干直立），有控制地下蹲并将哑铃放回地面。

上半身训练动作

肱三头肌（单关节）练习

名称	页码	向心运动的描述	肌肉群或身体部位	肌肉
仰卧杠铃肱三头肌伸展	186	肘部伸展	上臂（后部）	肱三头肌
肱三头肌下压（训练机）	189	与仰卧杠铃肱三头肌伸展相同		
肱三头肌过顶伸展*	191	与仰卧杠铃肱三头肌伸展相同		

图标表示这是一个需要协助者的练习。

*此练习可以增加协助者，但在本书示例照片中没有显示。

3.34 仰卧杠铃肱三头肌伸展

开始姿势（运动员）

- 坐在水平训练凳的一端，然后向后躺，头靠在训练凳的另一端。
- 定位头部、肩部、臀部和双脚，使身体呈五点接触姿势（参见训练3.1）。
- 向协助者示意开始，让其帮助从地面上提起杠铃。
- 以正握闭握的方式抓住杠铃杆。
- 将杠铃杆移动到胸部上方的位置，伸直肘部，前臂相互平行。稍微向外旋转手臂，使肘部远离面部（朝向膝盖）。
- 所有的重复练习都是从这个姿势开始的。

起始位置

底部位置

上半身训练动作

开始姿势（协助者）

- 在训练凳顶部的后面站立。
- 双脚呈分腿站立姿势，间距与肩同宽，双膝微屈。
- 采用正反握闭握的方式抓住杠铃杆。
- 把杠铃杆交给运动员。
- 将杠铃杆引导至运动员胸部上方的位置。
- 平稳地松开杠铃杆。

下降运动（运动员）

- 开始练习时，根据手臂的长度，有控制地、缓慢地将杠铃以弧形运动轨迹朝面部或头顶方向降低。手臂较长的运动员可以将杠铃朝头顶方向降低，手臂较短的运动员可以将杠铃朝面部方向降低。
- 保持手腕稳定，上臂垂直于地面并相互平行。肩关节不应有任何运动，运动只应发生在肘部。
- 当肘部开始弯曲时，它们应该指向膝盖（而不是指向两侧）。
- 继续降低杠铃，直到杠铃杆几乎接触到头部或面部。
- 始终保持头部、躯干、髋部和双脚处于五点接触的身体姿势。

下降运动（协助者）

- 在下降运动中，双手以反握的方式保护运动员，靠近但不接触杠铃杆。
- 稍微弯曲膝关节、髋关节和躯干，并在跟随杠铃杆运动的过程中保持背部中立。

上升运动（运动员）

- 通过伸展肘部，有控制地将杠铃向上推，将其推回起始位置。肩关节不应有任何运动，运动只应发生在肘部。
- 保持上臂和肘部静止不动，在上推杠铃的时候，上臂和肘部不应向前或向外移动。
- 始终保持身体五点接触姿势，不要弓背、抬起头、抬高臀部或蹬腿将杠铃向上推。
- 保持手腕稳定，上臂垂直于地面并相互平行。

- 继续向上推杠铃，直到肘部完全伸直，但不要用力锁肘。
- 完成一组练习后，向协助者示意放回杠铃，但同时要牢牢抓住杠铃杆，直到协助者完全控制住杠铃。

上升运动（协助者）

- 在上升运动中，双手以反握的方式保护运动员，靠近但不接触杠铃。
- 稍微伸展膝关节、髋关节和躯干，并在跟随杠铃杆运动的过程中保持背部中立。
- 完成一组练习后，在运动员示意结束后，采用正反握闭握的方式握住杠铃杆，从运动员手中接过杠铃，并将其放在地面上。

3.35 肱三头肌下压（训练机）

开始姿势

- 在高位滑轮训练机下站立，挺直躯干，双肩向后，背靠垂直的背垫（如果有的话），头部保持中立，眼睛注视前方。
- 以正握闭握的方式均衡地抓住把杆，双手相距15~30厘米（可使用各种类型的把杆配件进行这个练习，最常见的是46厘米的直杆）。
- 建议的最小握距是两个拇指沿着把杆伸展时，指尖可以相互接触。最大距离是两侧前臂可以相互平行。
- 双脚分开，与肩部或髋部同宽，膝关节微屈，躯干挺直。

开始姿势　　　　　　　　　　　　结束姿势

- 将把杆向下拉，使上臂和肘部靠在躯干两侧，前臂与地面平行（或稍高于平行的位置）。不要前倾或转动头部，使耳朵靠近拉绳，而应保持头部中立，使拉绳位于鼻子的正前方。身体应该足够接近训练机，这样当握住把杆并保持在起始位置时，拉绳才能接近垂直于地面。
- 双肩向后，并保持腹部肌肉收紧。选定的负荷应悬挂在配重片其余部分的上方。
- 所有的重复练习都是从这个姿势开始的。

下降运动

- 开始练习时，通过伸展肘部将把杆向下拉。
- 保持手腕稳定，使上臂垂直于地面，并靠在躯干两侧。肩关节不应有任何运动，运动只应发生在肘部。
- 继续向下拉把杆，直到肘部完全伸直，但不要用力锁肘。
- 保持挺直躯干和略微屈膝的姿势；不要通过轻微下蹲动作、身体前倾、肘部向后移动或将拉绳向右、向左移动来帮助下拉把杆。

上升运动

- 有控制地、缓慢地将把杆引导至起始位置，不要让把杆将手臂向上猛拉。
- 保持上臂和肘部静止不动，在抬高把杆的时候，上臂和肘部不应向前或向外移动。
- 保持身体姿势不变；在抬高把杆时，不要移动头部、躯干或双脚。
- 保持手腕稳定，上臂垂直于地面并靠在躯干两侧。
- 继续向上引导把杆，直到前臂与地面平行（或稍高于平行的位置）。
- 完成一组练习后，有控制地、缓慢地将把杆引导至其静止位置。

3.36　肱三头肌过顶伸展

该练习也可以使用带有配重片和中高位滑轮的训练机来完成。

开始姿势

- 两手以中立握闭握的方式各握一个相同重量的哑铃。
- 遵守身体预备姿势和举重指南，将哑铃从地面上抬升到大腿两侧的位置。
- 坐在训练凳上，上半身直立，膝关节弯曲，双脚放在地面上。
- 将哑铃放在头部上方，肘部完全伸直，掌心相对。
- 所有的重复练习都是从这个姿势开始的。

起始位置

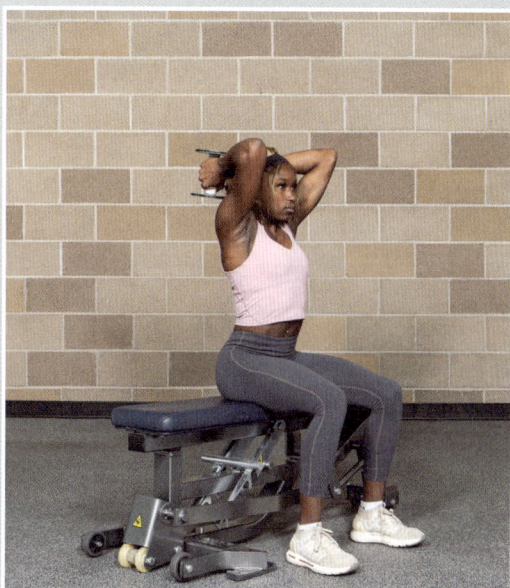

底部位置

下降运动

- 使上臂与耳朵在一条直线上，弯曲肘部，慢慢将哑铃降低到脑后。继续降低哑铃，直到前臂移动到略低于与地面平行的位置。
- 保持躯干直立。
- 保持控制，防止哑铃与头部或颈部接触。

上升运动

- 伸展肘部，直至哑铃回到起始位置。
- 保持控制，防止哑铃撞到头部。
- 在完成一组练习后站起，然后以相同的速度缓慢地屈膝屈髋（以保持躯干直立），有控制地下蹲并将哑铃放回地面。

前臂（单关节）练习

名称	页码	向心运动的描述	肌肉群或身体部位	肌肉
腕弯举	194	腕部屈曲	前臂	桡侧腕屈肌 尺侧腕屈肌 掌长肌
腕伸展	196	腕部伸展	前臂	桡侧腕短伸肌 桡侧腕长伸肌 尺侧腕伸肌
屈臂反向弯举*	198	肘部屈曲	上臂（前部）	肱肌 肱二头肌
			前臂	肱桡肌（重点）

*屈臂反向弯举练习涉及主动屈肘，因此，所有上臂（前部）肌肉都处于活动状态，但掌心向下的双手放置位置极大地强调了肱桡肌的作用。

3.37 腕弯举

开始姿势

- 以反握闭握的方式在两侧均衡地抓住杠铃杆，双手握距与肩部或髋部同宽。
- 遵守身体预备姿势和举重指南，将杠铃杆从地面上抬升到大腿前的位置。
- 坐在水平训练凳的一端，双脚分开，与髋部同宽，两腿相互平行，脚尖指向前方。躯干向前倾斜，将肘部和前臂放在大腿上方。
- 前臂向前移动，直到手腕向前稍微超出髌骨位置。
- 张开手掌，让手腕伸展，以便将手背放在髌骨上，让杠铃杆向下滚动，用指尖握住杠铃杆。
- 所有的重复练习都是从这个姿势开始的。

开始姿势

结束姿势

上升运动

- 开始练习时，通过弯曲手指和手腕来抬高杠铃杆。
- 保持肘部和前臂静止不动，不要向后猛拉肩部或踮起脚尖来帮助抬高杠铃杆。
- 尽量大幅度地弯曲手腕，但不要将手腕抬离大腿。

下降运动

- 通过伸展手指和手腕，有控制地、缓慢地将杠铃杆降低到起始位置；不要将肘部抬离大腿。
- 保持相同的身体姿势，双脚平放在地面上。
- 完成一组练习后，将手臂从大腿上抬起，身体慢慢向前倾斜，有控制地将杠铃杆放回地面。

3.38 腕伸展

开始姿势

- 以正握闭握的方式在两侧均衡地抓住杠铃杆，双手握距与髋部或肩部同宽。
- 遵守身体预备姿势和举重指南，将杠铃杆从地面上抬升到大腿前的位置。
- 坐在水平训练凳的一端，双脚分开，与髋部同宽，两腿相互平行，脚尖指向前方。躯干向前倾斜，将肘部和前臂放在大腿上方。
- 将手腕向前移动，直到它们稍稍超出髌骨位置。
- 紧握杠铃杆，将手腕向地面弯曲。
- 所有的重复练习都是从这个姿势开始的。

开始姿势

结束姿势

上升运动

- 练习开始时，通过伸展手腕来抬高杠铃杆。
- 保持肘部和前臂静止不动，不要向后猛拉肩部或踮起脚尖来帮助抬高杠铃杆。
- 继续伸展手腕，不要将手腕抬离大腿。

下降运动

- 有控制地、缓慢地将杠铃杆降低到起始位置，不要将肘部抬离大腿。
- 保持相同的身体姿势，双脚平放在地面上。
- 完成一组练习后，将手臂从大腿上抬起，身体慢慢向前倾斜，有控制地将杠铃杆放回地面。

3.39　屈臂反向弯举

这个练习类似于杠铃或EZ曲杆肱二头肌弯举，只是使用的是正握（掌心向下）握法。

开始姿势

- 以正握闭握的方式抓住杠铃杆（或EZ曲杆），双手与肩同宽或略宽于肩。
- 遵守身体预备姿势和举重指南，将EZ曲杆从地面上抬升到大腿前的位置。
- 挺直站立，双脚分开，与肩同宽，膝关节微屈（屈膝程度应比示例照片中所看到的要大一些）。
- 将EZ曲杆放在大腿前面，肘部完全伸直。
- 上臂应紧贴在躯干两侧，并垂直于地面。
- 所有的重复练习都是从这个姿势开始的。

开始姿势　　　　　　　　　　　　　结束姿势

上升运动

- 开始练习时，弯曲肘部，以弧形运动轨迹举起EZ曲杆。
- 手腕保持稳定，上臂在举起EZ曲杆时应紧贴躯干两侧，不要让它们向前或向外移动。肩部不应有任何运动，运动只应发生在肘关节处。
- 保持身体姿势不变，不要摆动身体（即过度伸展脊柱）、耸肩、过度伸展颈部、伸展膝关节或踮起脚尖来帮助向上举起EZ曲杆。
- 继续弯曲肘部，直到EZ曲杆靠近三角肌前束。在EZ曲杆到达最高位置时，如果肘部向前移动，那么说明肘部弯曲角度过大。

下降运动

- 通过伸展肘部，有控制地、缓慢地降低EZ曲杆至起始位置；不要在底部位置弹起EZ曲杆，不要向前弯曲躯干，不要伸展膝关节，也不要将身体重心转移到脚尖上。
- 保持手腕稳定，上臂固定在躯干两侧。
- 保持身体姿势不变，双脚平放在地面上。
- 继续降低EZ曲杆，直到肘部完全伸直，但不要用力锁肘。
- 在完成一组练习后，以相同的速度缓慢地屈膝屈髋（以保持躯干直立），有控制地下蹲并将EZ曲杆放回地面。

第4部分

核心训练动作

核心训练动作

名称	页码	向心运动的描述	肌肉群或身体部位	肌肉*
标准卷腹	204	躯干屈曲	腹部	腹直肌
抬腿卷腹	206	躯干屈曲	腹部	腹直肌
前平板支撑（俯桥）	208	等长收缩	腹部	腹直肌 腹横肌 斜肌
			下背部	竖脊肌
侧平板支撑（侧桥）	209	等长收缩	腹部	斜肌
稳定球屈体	210	髋关节屈曲	腹部	腹直肌 髂腰肌
稳定球卷体	212	髋关节屈曲	腹部	腹直肌 髂腰肌
器械卷腹（训练机）	214	躯干屈曲	腹部	腹直肌
稳定球卷腹	216	躯干屈曲	腹部	腹直肌
稳定球反向背部伸展	218	躯干伸展	下背部	竖脊肌
稳定球前滚	220	等长收缩	腹部	腹直肌 髂腰肌
罗马椅背部伸展	221	躯干伸展	下背部	竖脊肌
侧向阻力胸前推（训练机）	222	等长收缩	腹部	斜肌
阻力绳伐木式（训练机）	224	躯干旋转	腹部	腹直肌 腹横肌 斜肌
俄罗斯转体	226	躯干屈曲 躯干旋转	腹部	腹直肌 腹横肌 斜肌

*许多核心练习涉及的肌肉比这里列出的要多。在确定哪一块或哪几块肌肉是涉及的主要肌肉方面，各种资料给出的答案各不相同。

核心训练动作

4.1　标准卷腹

开始姿势

- 以仰卧姿势躺在训练垫上。
- 膝关节弯曲至约90度，髋关节弯曲至约45度，双脚平放在训练垫上，脚跟靠近臀部。大腿、膝盖和双脚应相互对齐。
- 双臂交叉于胸部或腹部。
- 所有的重复练习都是从这个姿势开始的。

上升运动

- 开始练习时，弯曲颈部，使下巴靠近（但不接触）上胸部，然后卷曲躯干，将上背部抬离训练垫。
- 保持下半身静止姿势，双臂交叉于胸部；当抬起上半身时，不要将脚抬离训练垫。
- 继续向大腿弯曲躯干，直到上背部离开训练垫。

开始姿势

结束姿势

下降运动

- 伸展躯干，然后有控制地、慢慢地伸展颈部，使其回到起始位置；下降过程中不要利用身体的反弹将臀部抬离训练垫来进行下一次练习。
- 保持下半身静止姿势，并保持双臂交叉于胸部或腹部。

核心训练动作

4.2 抬腿卷腹

开始姿势

- 以仰卧姿势躺在训练垫上。
- 将脚跟放在训练凳上，髋关节和膝关节弯曲至大约90度。大腿、膝盖和双脚应相互对齐。
- 双臂交叉于胸部或腹部。
- 所有的重复练习都是从这个姿势开始的。

上升运动

- 开始练习时，弯曲颈部，使下巴靠近（但不接触）上胸部，然后卷曲躯干，将上背部抬离训练垫。
- 保持下半身静止姿势，双臂交叉于胸部；当抬起上半身时，不要将脚跟抬离训练凳。
- 继续向大腿弯曲躯干，直到上背部离开训练垫。

 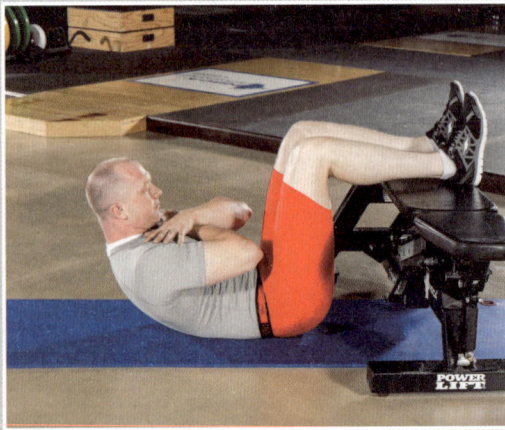

开始姿势 结束姿势

下降运动

- 展开躯干，然后有控制地、慢慢地伸展颈部，使其回到起始位置；下降过程中不要利用身体的反弹将臀部抬离训练垫来进行下一次练习，或将脚跟从训练凳上抬起。
- 保持下半身静止姿势，并保持双臂交叉于胸部。

核心训练动作

4.3 前平板支撑（俯桥）

开始姿势

- 以四肢俯卧的姿势跪在训练垫上。双脚与髋部同宽或稍窄一些，使脚、脚踝、膝盖和髋部都在一个垂直平面上。双手平放在训练垫上，间距约与肩同宽，肘部向后。
- 将肘部先后放在训练垫上，肘部位于肩部正下方，前臂相互平行。
- 先后移动双脚，让髋关节和膝关节伸展，使腹部、臀部和腿部的前部靠在训练垫上。

进行运动

- 抬高髋部，使肩、髋、膝、踝和头部在一条直线上，并略微倾斜（头部稍高于脚部）。
- 以等长收缩方式使躯干保持紧绷状态，髋部稍微向后倾斜一些，使腰椎保持在中立位。
- 保持肘部位于肩部正下方。
- 保持头部中立。
- 练习结束时，慢慢降低髋部和腿部，回到起始位置。

开始姿势

结束姿势

4.4　侧平板支撑（侧桥）

开始姿势

- 身体左侧侧躺在训练垫上，左手肘位于左肩下面。
- 左前臂垂直于躯干。
- 右脚叠放在左脚上，右腿均衡地放在左腿上，或将右脚放在左脚前方的训练垫上。右臂均衡地叠放在右侧躯干的上方。用左臂支撑身体。

进行运动

- 以左脚外侧为支点或锚点，抬高髋部，使左侧的脚踝、膝盖、臀部和肩膀在一条直线上。保持右脚和右腿叠放在左脚和左腿上面，或将右脚放在左脚前方的训练垫上，右臂叠放在右侧躯干的上方。
- 以等长收缩方式使躯干保持紧绷状态。
- 保持左手肘位于左肩正下方。
- 保持头部中立，眼睛注视前方。
- 练习结束时，慢慢降低髋部和腿部，回到起始位置。换右侧完成练习。

开始姿势

结束姿势

4.5　稳定球屈体

开始姿势

- 以四肢着垫的姿势跪在稳定球（又叫瑞士球或瑜伽球）前，身体背对稳定球，双手在肩部下方，与肩同宽，膝盖在髋部下方，与髋同宽。
- 先后将双脚并排放在稳定球上面。
- 在保持双脚位于稳定球上的同时，伸展髋关节和膝关节，重新放置双手，使身体处于平板支撑姿势，双手位于肩部的正下方。
- 以等长收缩方式使躯干保持紧绷状态，肘部完全伸展，头部处于中立位置。在练习中保持这个姿势。
- 所有的重复练习都是从这个姿势开始的。

上升运动

- 开始练习时，保持膝关节和肘关节完全伸展，躯干处于紧绷状态。弯曲髋关节，使稳定球向胸部滚动，直到脚趾位于稳定球的顶部，且髋部位于肩部的正上方。
- 在上升运动的过程中，保持头部处于中立位置。

开始姿势

结束姿势

下降运动

- 有控制地伸展髋关节，并完全伸展膝关节和肘部，回到起始位置，让躯干保持紧绷。
- 在下降运动的过程中，保持头部处于中立位置。

核心训练动作

4.6 稳定球卷体

开始姿势

- 以四肢着垫的姿势跪在稳定球前，身体背对稳定球，双手在肩部下方，与肩同宽，膝盖在髋部下方，与髋同宽。
- 先后将双脚并排放在稳定球上面。
- 在保持双脚位于稳定球上的同时，伸展髋关节和膝关节，重新放置双手，使身体处于平板支撑姿势，双手位于肩部的正下方。
- 以等长收缩方式使躯干保持紧绷状态，肘部完全伸展，头部处于中立位置。在练习中保持这个姿势。
- 所有的重复练习都是从这个姿势开始的。

向前运动

- 在保持膝关节和肘部完全伸展且躯干处于紧绷状态的同时开始练习。略微抬高髋部，弯曲髋关节和膝关节，将稳定球向胸部滚动，直到髋关节和膝关节完全弯曲。
- 保持肩部位于双手的上方，头部处于中立位置。

开始姿势

结束姿势

向后运动

- 有控制地伸展髋关节和膝关节，并完全伸展肘部，回到起始位置，让躯干保持紧绷。
- 保持肩部位于双手的上方，头部处于中立位置。

核心训练动作

4.7　器械卷腹（训练机）

开始姿势

- 坐在卷腹训练机内，双脚前脚掌放在地面上。
- 髋关节和膝关节弯曲至大约90度，腿放在滚垫的后面并与滚垫保持接触。
- 握住头部两侧的训练机手柄，上臂后部压在臂垫上。
- 所有的重复练习都是从这个姿势开始的。

向前运动

- 开始练习时，弯曲躯干，使胸部向前和向下移动。
- 不要从垫子上抬起髋部或下背部。
- 继续弯曲躯干，直到肘部指向大腿。

开始姿势

结束姿势

向后运动

- 有控制地、缓慢地将躯干伸展回起始位置。
- 不要过快抬起或过度伸展髋关节，以利用反弹来帮助完成下一次练习。
- 保持下半身静止姿势，双手抓住训练机手柄。

核心训练动作

核心训练动作

4.8 稳定球卷腹

开始姿势

- 坐在稳定球上，双脚平放在地面上。
- 髋关节和膝关节弯曲至大约90度。大腿、膝盖和双脚应相互对齐。
- 双脚往前移动，直到背部的中下部与稳定球接触，躯干与地面大致平行。
- 双臂交叉于胸部，或者将双手放在靠近头部两侧的位置。
- 所有的重复练习都是从这个姿势开始的。

上升运动

- 开始练习时，弯曲颈部，使下巴靠近（但不接触）上胸部，然后卷曲躯干，将上背部抬离稳定球。
- 保持下半身静止姿势，双臂交叉于胸部或双手放在靠近头部两侧的位置；上半身抬起时，不要将脚抬离地面。
- 继续向大腿处卷曲躯干，直到上背部离开稳定球。

开始姿势

结束姿势

下降运动

- 伸展躯干，然后有控制地、慢慢地伸展颈部，使其回到起始位置；下降过程不要抬起或过度伸展髋关节，以利用反弹来完成下一次练习。
- 保持下半身静止姿势，双臂交叉于胸部或双手放在靠近头部两侧的位置。

4.9　稳定球反向背部伸展

开始姿势

- 跪在稳定球前面并面对稳定球。
- 向前趴在稳定球上，使腹部以平板支撑的姿势靠在稳定球的顶部，躯干在身体允许的范围内尽可能与地面平行，双手放在肩部正下方或稍前方的地面上。
- 在整个练习过程中双脚要并拢。
- 以等长收缩方式使躯干保持紧绷状态，肘部完全伸展，头部处于中立位置。在练习中保持这个姿势。
- 所有的重复练习都是从这个姿势开始的。

上升运动

- 伸展髋关节，使双腿与身体成一条直线。
- 下半身保持紧绷状态的平板支撑姿势，脊柱保持在中立位置，脚踝处于背屈状态。在运动过程中不要转动髋部。

核心训练动作

开始姿势　　　　　　　　　　　　　　结束姿势

下降运动

- 有控制地弯曲髋关节，直到双脚触地，回到起始位置。

4.10 稳定球前滚

开始姿势

- 面对稳定球呈跪姿，脚尖着垫，上半身挺直，肘部伸直，双手放在稳定球的前上方。
- 将双手放在稳定球上，手臂相互平行，重新调整膝盖和脚趾的位置，使膝关节和踝关节约成90度，并且肩、髋和膝处于同一垂直平面。

结束姿势

- 伸展膝关节，弯曲肩部，使稳定球向前滚动；手臂放在稳定球的顶部，直到稳定球接近脸部。
- 以等长收缩的方式使躯干保持紧绷状态，不要让髋部降低。
- 练习结束时，弯曲膝关节并伸展肩部，手臂向后滚过球面，回到起始位置。

开始姿势

结束姿势

4.11　罗马椅背部伸展

开始姿势

- 俯卧在罗马椅上，大腿上部和髋部下侧与上垫接触，髋部顶部应略高于上垫，脚踝后部应与下垫接触。
- 在整个运动过程中，头部、颈部和脊柱应保持中立。
- 所有的重复练习都是从这个姿势开始的。

下降运动

- 弯曲髋关节，将躯干向地面慢慢降低。
- 继续降低躯干，直到它与腿部大致垂直。
- 保持大腿和髋部不动，背部自然拱起。

上升运动

- 收缩下背部、臀部和腘绳肌，让躯干回到起始位置。
- 上升过程中，保持脊柱和颈部处于中立位置。在上升运动结束时，不要过度拱起背部。

开始姿势

结束姿势

4.12   侧向阻力胸前推（训练机）

侧向阻力胸前推（Pallof Press）可直译为帕洛夫推（以动作发明人的名字命名）。该练习可采用站姿、单膝跪姿、双膝跪姿或坐姿进行，也可以使用弹力带来代替阻力绳训练机。

开始姿势

- 设置阻力绳柱滑轮的高度（如果可调节），使其与胸骨齐平。
- 用双手抓住阻力绳手柄，垂直于阻力绳柱站立（通常情况下，当阻力绳柱在运动员的左侧时，运动员用左手握住手柄，右手放在左手之上，反之亦然）。
- 双脚分开，与髋部同宽，略微弯曲膝关节和髋关节，呈运动准备姿势。
- 两侧肩部、髋部和膝盖都保持中立。
- 保持躯干直立，挺起胸部，肩胛骨向下和向后拉。

开始姿势   结束姿势（单侧）

- 肘部收在肋骨旁边，并让阻力绳手柄靠近胸部。
- 所有的重复练习都是从这个姿势开始的。

进行运动

- 将阻力绳手柄从胸前推出，直到肘部完全伸展，且阻力绳手柄与肩部成一条直线。
- 完全伸展手臂后，核心会受到很大程度的等长收缩挑战。
- 在规定时间内保持这个姿势（也可以重复该动作），同时保持脊柱中立，挺起胸部，保持肩膀向下和向后拉。为了帮助骨盆保持中立，可以收缩臀部肌肉。
- 确保髋部、躯干和肩部保持中立对齐。如果出现任何代偿性动作，则减轻重量，并专注于保持中立对齐。
- 完成一组练习后，将阻力绳手柄收回胸前。
- 在另一侧重复相同的练习。

4.13　阻力绳伐木式（训练机）

此练习可以单膝跪姿或双膝跪姿进行。此外，可也用弹力带或负重器械来代替阻力绳训练机。

开始姿势

- 设置阻力绳柱滑轮的高度（如果可调节），使其高于头部。
- 面向阻力绳柱滑轮成 45 度站立，双脚与肩同宽，膝关节略微弯曲。
- 朝阻力绳柱方向旋转，双手在一侧肩膀的上方握住阻力绳手柄，肘部完全伸展（通常情况下，当阻力绳柱在运动员的左侧时，运动员用左手握住手柄，右手放在左手之上，反之亦然）。
- 所有的重复练习都是从这个姿势开始的。

开始姿势　　　　　　　　　　　　　　结束姿势（单侧）

向下对角线运动

- 旋转躯干，将手柄向下拉，使其以对角线的路径越过身体，经过对侧大腿。
- 保持肘部完全伸展。
- 让髋关节和膝关节稍微旋转。

向上对角线运动

- 有控制地、缓慢地让手柄回到起始位置。
- 保持肘部完全伸展。
- 完成一组练习后，在另一侧重复相同的练习。

4.14　俄罗斯转体

开始姿势

- 坐在训练垫上，腿和脚在身体前面，躯干处于挺直姿势。髋关节和膝关节弯曲至约45度。
- 双手持药球放在腹部前面，肘部弯曲。
- 所有的重复练习都是从这个姿势开始的。

进行运动

- 向右旋转，使药球落在背部正后方的训练垫上。
- 向左旋转，直到可以捡起身后的药球。
- 拿起药球后，躯干转回右侧。
- 确保同时转动腰椎和肩部，并在整个练习过程中保持良好的身体姿势。
- 完成重复练习后，在另一侧进行相同的练习，或者交替使用不同的开始运动方向，直到完成这组练习。
- 示例照片中所示的是另一种常见的替代方法：在所有的重复练习中都握住药球，并在一组练习中向左和向右来回旋转躯干。

核心训练动作

起始位置　　　　　　　　　　　　　底部位置（单侧）

第5部分

变式训练和非传统器械训练

变式训练和非传统器械训练

名称	页码	向心运动的描述	肌肉群或身体部位	肌肉
双臂壶铃甩摆	232	髋关节伸展	臀肌	臀大肌
			腘绳肌	半膜肌 半腱肌 股二头肌
		伸膝	股四头肌	股外侧肌 股中间肌 股内侧肌 股直肌
保加利亚深蹲	234	髋关节伸展	臀肌	臀大肌
			腘绳肌	半膜肌 半腱肌 股二头肌
		伸膝	股四头肌	股外侧肌 股中间肌 股内侧肌 股直肌
单腿壶铃罗马尼亚硬拉	236	髋关节伸展	臀肌	臀大肌
			腘绳肌	半膜肌 半腱肌 股二头肌
土耳其起立	238	髋关节伸展	臀肌	臀大肌
			腘绳肌	半膜肌 半腱肌 股二头肌
		伸膝	股四头肌	股外侧肌 股中间肌 股内侧肌 股直肌
		躯干屈曲	腹部	腹直肌

续表

名称	页码	向心运动的描述	肌肉群或身体部位	肌肉
单臂壶铃高翻	241	髋关节伸展	臀肌	臀大肌
			腘绳肌	半膜肌 半腱肌 股二头肌
		伸膝	股四头肌	股外侧肌 股中间肌 股内侧肌 股直肌
		肩部屈曲	三角肌	三角肌前束
		肘部屈曲	二头肌	肱二头肌
单臂壶铃推举	244	肩部屈曲	三角肌	三角肌前束
		肘部伸展	肱三头肌	肱三头肌
壶铃前蹲	246	髋关节伸展	臀肌	臀大肌
		伸膝	股四头肌	股外侧肌 股中间肌 股内侧肌 股直肌
稳定球桥式后拉	248	髋关节伸展	臀肌	臀大肌
		膝关节屈曲	腘绳肌	半膜肌 半腱肌 股二头肌
哑铃俯撑划船	250	肩部屈曲/横向内收	胸部	胸大肌
			肩部	三角肌前束
		肩胛骨前伸（外展）	肩胛骨	前锯肌
			胸部	胸小肌
		肘部伸展	上臂（后部）	肱三头肌
		肩胛骨收缩（内收）	上背部、中背部	中斜方肌 下斜方肌 菱形肌
		肩部伸展	背部	背阔肌 大圆肌
			肩部	三角肌后束
		肘部屈曲	上臂(前部)	肱肌 肱二头肌 肱桡肌*
		等长收缩	腹部	腹直肌 腹横肌 斜肌
			下背部	竖脊肌

续表

名称	页码	向心运动的描述	肌肉群或身体部位	肌肉
T形杠肩上推举	252	肩部外展	肩部	三角肌前束 三角肌中束
		肩胛骨前伸（外展）	上肩部、上背部	斜方肌
			肩胛骨	前锯肌
		肘部伸展	上臂（后部）	肱三头肌
T形杠划船	254	肩胛骨收缩和下压（内收）	上背部、中背部	中斜方肌 下斜方肌 菱形肌
		肩部伸展	背部	背阔肌 大圆肌
			肩部	三角肌后束
		肘部屈曲	上臂（前部）	肱肌 肱二头肌 肱桡肌*
推雪橇	257	髋关节伸展	臀肌	臀大肌
			腘绳肌	半膜肌 半腱肌 股二头肌
		伸膝	股四头肌	股外侧肌 股中间肌 股内侧肌 股直肌
		等长收缩	肩部	三角肌前束 三角肌中束
			上肩部、上背部	斜方肌
			肩胛骨	前锯肌
			上臂（后部）	肱三头肌
药球下砸**	258	肩部屈曲	肩部	三角肌前束
		肩胛骨前伸（外展）	上肩部、上背部	斜方肌
			肩胛骨	前锯肌
		肘部伸展	上臂（后部）	肱三头肌
		躯干屈曲	腹部	腹直肌
		肩胛骨收缩和下压（内收）	上背部、中背部	中斜方肌 下斜方肌 菱形肌
		肩部伸展	背部	背阔肌 大圆肌
			肩部	三角肌后束

图标表示这是一个需要协助者的练习。

*肱桡肌主要位于前臂的上部和外侧，但在肘部屈曲时它也参与其中。

**这个练习还涉及下半身（如深蹲），但动作的重点是上半身和核心。

变式训练和非传统器械训练

5.1 双臂壶铃甩摆

开始姿势

- 跨立在壶铃上，双脚平放，间距在髋部宽度和肩部宽度之间，脚尖指向前方。
- 下蹲，髋部低于肩部，肘部完全伸展；采用正握闭握的方式，用双手抓住壶铃手柄。
- 站起来将壶铃从地面提起，背部处于脊柱中立位，肩部后缩并下压，脚跟与地面接触，眼睛注视前方（示意照片未显示）。
- 保持背部处于脊柱中立位的同时，屈膝屈髋到大约1/4蹲的位置，手臂伸直，壶铃悬垂在大腿之间（示意照片未显示）。
- 所有的重复练习都是从这个姿势开始的。

开始姿势	向后运动的结束和向前/上升运动的开始	向前/上升运动的结束和向后/下降运动的开始

变式训练和非传统器械训练

向后运动

- 开始练习时，屈髋（膝盖保持在起始位置），在两腿之间摆动壶铃。
- 壶铃向后运动时，保持膝盖适度弯曲，背部中立，伸展肘部。
- 继续向后摆动壶铃，直到躯干几乎与地面平行，且壶铃越过了身体的垂直线。

向前/上升运动

- 当向后摆动到达顶点时，通过伸展髋关节和膝关节来扭转壶铃的运动方向，使壶铃以向上的弧度向前上方运动。
- 利用动量将壶铃抬高到接近双眼视线的水平位置。保持肘部伸展，背部处于脊柱中立位。

下降/向后运动

- 让壶铃再次落入下行线；当上臂与躯干接触时，屈髋屈膝以缓冲壶铃重量。
- 保持肘部完全伸展，背部处于脊柱中立位。
- 通过屈髋屈膝，让壶铃继续向下后方运动，直到壶铃越过身体垂直线的下方，到达垂直线的后面。
- 完成一组练习后，减缓壶铃的摆动惯性，然后将其放在地面上。

变式训练和非传统器械训练

5.2 保加利亚深蹲

开始姿势

此练习的开始姿势（在一只脚放在训练凳或箱子上之前）与后蹲（颈后深蹲）练习的开始姿势相同。如果使用杠铃，通常将杠铃杆放置在颈部下面三角肌后束的上方，并采用高位杠铃位置。如果使用哑铃，则应在躯干两侧，以中立握闭握的方式握住两个哑铃。该练习的示例照片中没有显示协助者，但如果进行协助保护，则应该有两名协助者分别在杠铃的两侧。

- 背对着大约膝盖高度的训练凳或箱子，距离训练凳或箱子1~2步，双脚分开站立，间距与肩同宽。
- 将右脚的脚背放在训练凳或箱子上。双腿膝关节都略微弯曲，躯干处于一个近乎直立的位置，肩膀向后，头部相对于脊柱处于中立位置，胸部向上挺起，以形成一个中立或略微拱起的背部。
- 所有的重复练习都是从这个姿势开始的。

起始位置　　　　　　　　　　　　　底部位置（单腿）

下降运动

- 同时弯曲双腿的髋关节和膝关节，使身体在一个垂直平面上下降，同时保持躯干与地面的角度不变；在降低杠铃的过程中，不要拱起上背部或向前倾斜躯干。
- 保持左脚平放在地面上，右脚脚背放在训练凳或箱子上。
- 继续弯曲髋关节和膝关节，直到左侧大腿与地面大致平行。

上升运动

- 通过主动伸展左侧髋关节和膝关节，有控制地举起杠铃；专注于左侧髋关节和膝关节，尽管右侧髋关节和膝关节也会被动伸展。
- 保持脊柱中立和躯干直立姿势。
- 以相同的速度伸展髋关节和膝关节，以保持躯干与地面的角度恒定不变。不要让身体重心向前转移到左脚的脚掌上。
- 保持左膝与左脚对齐，不要让膝关节在伸展时向内或向外移动。
- 继续专注于伸展左侧髋关节和膝关节，以回到起始位置。
- 在完成了一组以左腿为前置腿的练习后，以右腿为前置腿重复此练习。

5.3　单腿壶铃罗马尼亚硬拉

这个练习可以用与支撑腿同侧的手持握壶铃或用支撑腿对侧的手持握壶铃来进行。此处文字和示意照片描述的是对侧单腿壶铃罗马尼亚硬拉练习。

开始姿势

- 右手以正握闭握的方式握住壶铃。
- 用左腿站立（作为支撑腿），髋部和肩部位于左脚上方，身体的重心放在左脚脚跟上。躯干应完全直立，肩部向后，头部相对于脊柱处于中立位置，胸部向上挺起。
- 在右大腿前握住壶铃，右肘完全伸展，右脚稍微向后交错。
- 所有的重复练习都是从这个姿势开始的。

起始位置　　　　　　　　　　　　　　　　底部位置（单腿）

下降运动

- 左侧膝关节略微弯曲，并在整个运动过程中保持这个姿势。
- 开始练习时，让躯干在左支撑腿的髋部向前弯曲。
- 当躯干向前弯曲时，保持右侧的肩、髋部、膝部和踝部对齐；运动只发生在左支撑腿的髋部。壶铃下降时不要旋转髋部。
- 左支撑腿的膝关节保持略微弯曲的姿势，肩部保持向后收缩的姿势。
- 保持背部中立，头部处于中立位置，右肘仍完全伸展。
- 降低壶铃，直到躯干和右腿与地面大致平行。

上升运动

- 伸展左支撑腿的髋部，以返回起始位置。
- 在上升运动的过程中，左侧膝关节保持略微弯曲姿势，背部保持中立。
- 不要过度伸展躯干或颈部，也不要弯曲右肘。
- 在完成以左腿为支撑腿、右手握壶铃的一组练习后，以右腿为支撑腿、左手握壶铃重复该练习。

5.4 土耳其起立

开始姿势

- 土耳其起立（Turkish Get-Up）通常也叫作土耳其托举。
- 开始练习时，以仰卧姿势躺在地面上，左肩附近放一个壶铃（示例照片中没有显示该阶段）。
- 稍微转向壶铃，以正握闭握的方式，用左手握住壶铃（示例照片中没有显示该阶段）。用右手帮助举起壶铃。壶铃的铃铛应紧贴手背和手腕。
- 将左膝弯曲至大约45度，左脚平放在地面上。
- 将右腿平放在地面上，右脚踝背屈，脚趾向上。
- 用双手将壶铃举过面部，然后移开右手。左手应在手柄的一角处用手掌和大拇指握住壶铃。
- 在将壶铃举过左肩的练习过程中，保持左肘完全伸展，左臂指向天花板。

开始姿势

肘部支撑

手部支撑

- 将右臂平放在地面上，与身体右侧成约45度，肘部完全伸展。
- 所有的重复练习都是从这个姿势开始的。

上升运动

- 将目光集中在壶铃上，通过向上推举壶铃开始练习。要做到这一点，左脚需要推向地面以旋转髋部和躯干，右前臂和右髋部支撑身体以保持平衡。下肢基本不动，将右腿、右脚踝、左膝和左脚保持在起始位置。
- 继续向上推举壶铃，从右肘部支撑过渡到右手支撑。
- 左脚仍然平放在地面上，伸展并挺直左髋，直到左膝弯曲成约90度。此时与地面接触的3个点应该是双脚和右手（高侧位）。双臂将在一条直线上且几乎垂直于地面，壶铃在两肩、肘部和右手的正上方。目光集中在壶铃上。

変式训练和非传统器械训练

高侧位

扫腿收起

躯干直立

站起

- 在保持左髋和左膝位置不变的情况下，将右腿收起到身体下方，将右膝和右脚放在髋部后的地面上（扫腿收起）。
- 伸展右髋，同时向上推举壶铃，将右手抬离地面，使躯干达到完全直立姿势（躯干直立）。下半身呈弓步姿势，右膝在右髋和右肩下方，左髋和左膝大约成90度。
- 将身体重心转移到左腿上，向上推举壶铃；左脚向下蹬地，同时完全伸展左髋和左膝（示例照片中没有显示该阶段）。
- 完成上升运动，右脚向前跨出，放在左脚旁边，在左肩的正上方握住壶铃（站起）。

下降运动

- 保持向上推举壶铃，开始下降运动，右腿向后伸直，形成弓步姿势。
- 将右膝垂直下放在地面上。右侧肩、髋和膝应在同一垂直平面上。
- 在保持推举壶铃姿势的同时，将目光转向壶铃，并将右手放在地面上。两侧手臂形成一条近乎垂直于地面的直线。
- 目光继续集中在壶铃上，伸展左髋，右腿从髋部下方扫过，然后停在身体前方，左脚保持平放在地面上，左膝弯曲至大约90度。左髋要完全伸展，并与左侧肩部和膝部对齐；右膝伸展，踝部处于背屈状态。
- 屈曲左髋，使身体下降，以便臀部坐在地面上。目光继续注视壶铃。左膝弯曲至大约45度，右肘完全伸展，右手放在地面上。
- 保持左臂完全伸展并向上推举壶铃的姿势，然后下降身体，将右肘降低到地面上，以右肘支撑身体重量。
- 缓慢地将身体降至起始位置。
- 完成左手持壶铃的一组练习后，换右手持壶铃及右脚平放在地面上，重复按照对应步骤进行练习。

5.5　单臂壶铃高翻

开始姿势

- 跨立在壶铃上，双脚平放，间距在髋部宽度和肩部宽度之间，脚尖指向前方。
- 下蹲，髋部低于肩部，右肘完全伸展；采用正握闭握的方式，用右手抓住壶铃手柄。
- 站起来将壶铃从地面提起，将身体置于中立位置，肩部后缩并下压，脚跟与地面接触，眼睛注视前方。右手握住壶铃置于右大腿前，肘部完全伸展。
- 保持背部中立的同时，屈髋屈膝到大约1/4蹲的位置，手臂伸直，壶铃悬垂在大腿之间（示意照片未显示）。
- 所有的重复练习都是从这个姿势开始的。

变式训练和非传统器械训练

壶铃放在地面上（抓住壶铃）　　　开始姿势（站立）　　　在两腿之间甩摆壶铃

向后运动

- 开始练习时，屈髋（膝盖保持在起始位置），在两腿之间摆动壶铃。
- 壶铃向后运动时，保持膝关节适度弯曲，背部中立，伸展右肘。
- 继续向后摆动壶铃，直到躯干几乎与地面平行，且壶铃越过身体的垂直线。

过渡阶段

接铃

向前/上升运动

- 当向后摆动到达顶点时，通过伸展髋关节和膝关节来扭转壶铃的运动方向，使壶铃向前上方运动。
- 在双臂壶铃甩摆练习中，是利用动量以向上的弧线将壶铃抬高到大约与双眼视线齐平的高度，同时伸展肘部，让双臂远离躯干；而此练习是利用动量来举起壶铃，同时保持右上臂与身体的接触。
- 当壶铃到达右上臂远离躯干的位置时，迅速耸动右肩，然后弯曲右肘，在躯干前将壶铃向后和向上拉（不是以弧形路径），这就是过渡阶段。

接铃

- 当壶铃达到最高位置时，松开手柄，并同时快速旋转右臂，使右臂位于壶铃下方。
- 以支撑架的姿势接住壶铃，右上臂紧靠躯干，右肘指向地面，壶铃靠在右手背、手腕或前臂（取决于壶铃的大小和手臂的长度）。

开始下一次练习，从右肩放下壶铃，展开右臂肘部，手臂伸直，在大腿之间将壶铃下降，利用惯性在两腿之间让壶铃继续向下摆动，同时屈髋屈膝以吸收壶铃重量，按照下降运动阶段的动作指导继续进行。右手持壶铃完成一组练习后，换左手持壶铃重复该练习。

变式训练和非传统器械训练

5.6　单臂壶铃推举

开始姿势

- 遵循单臂壶铃高翻练习的开始姿势、向后运动和向前/上升运动的指导准则，以获得这个练习的正确开始姿势。（请注意，虽然这个练习的示例照片显示的是左手持握壶铃，而单臂壶铃高翻练习的示例照片显示的是右手持握壶铃，但两个动作的整体技术准则是一样的。）
- 所有的重复练习都是从这个姿势开始的。

开始姿势　　　　　　　　　　　　结束姿势（单臂）

上升运动

- 开始练习时，弯曲左肩，伸展左肘，将壶铃推举过头顶。右臂保持在身体的右侧。
- 在将壶铃推举过头顶时，外旋左肩，使左腕和前臂从中立位置移动成旋前的姿势，左肘完全伸展。
- 保持脊柱中立，眼睛注视前方。在上升运动过程时，不要让脊柱横向弯曲。

下降运动

- 有控制地将壶铃缓慢下降到起始位置，降低壶铃时不要向前弯曲躯干。
- 在壶铃下降时，内旋左肩，使左腕和前臂回到起始中立位置。
- 左手持壶铃完成一组练习后，换右手持壶铃重复该练习。

变式训练和非传统器械训练

5.7　壶铃前蹲

开始姿势

- 跨立在壶铃上，双脚平放，与髋部同宽，脚尖指向前方。
- 下蹲，髋部低于肩部，肘部完全伸展（示例照片中未显示该阶段）；以中立握闭握的方式握住壶铃手柄的两侧。
- 回到站立姿势，在靠近胸部的位置握住壶铃，背部保持脊柱中立，肩部缩回并下压，脚跟与地面接触，眼睛注视前方。
- 所有的重复练习都是从这个姿势开始的。

起始位置

底部位置

下降运动

- 开始下降运动时，有控制地、慢慢地弯曲髋关节和膝关节。
- 保持背部中立（或略微拱起），使壶铃靠近身体；在下降运动过程中，不要让脚跟离开地面。
- 保持膝盖与脚尖对齐，不要让膝关节在弯曲时向内或向外移动。
- 继续下降运动，直到发生以下3种情况之一（这些情况决定了最大运动幅度，或最低的下蹲位置）。
  - 大腿与地面平行（如果可以实现的话）。
  - 躯干开始拱起或向前弯曲。
  - 脚跟抬离地面。
- 实际的下蹲深度取决于下肢关节的柔韧性。
- 保持身体紧绷，处于可控状态；不要弹跳或在运动结束时放松腿部或躯干。

上升运动

- 通过伸展髋关节和膝关节，有控制地站直身体。
- 保持背部中立（或略微拱起），使壶铃靠近身体。通过保持头部略微后倾和挺起胸部来抵抗身体前倾的趋势。
- 继续往上举，重心均衡分布在双脚之间，不要让重心向前转移到脚掌上。
- 保持膝盖与脚尖对齐，不要让膝关节在伸展时向内或向外移动。
- 继续以均匀的速度完成上升运动，直到膝关节和髋关节完全伸展，回到起始位置。

变式训练和非传统器械训练

5.8　稳定球桥式后拉

开始姿势

- 仰卧在训练垫上，在脚附近放一个稳定球。
- 将脚跟和小腿放在稳定球的前上方，脚踝背屈。膝盖完全伸展，头部、背部和臀部平放在训练垫上。
- 手臂张开放在地上，并垂直于躯干，肘部完全伸直。
- 所有的重复练习都是从这个姿势开始的。

上升运动

- 开始练习时，伸展髋关节，使身体从肩部到脚踝成一条直线（桥式）。然后弯曲膝关节，让球滚向身体，并将脚跟向臀部靠拢（屈曲）。
- 在整个运动过程中，保持髋部稳定，不要让它们下垂。

开始姿势

桥式

- 保持头部和手臂处于起始位置，双腿相互平行。
- 继续将脚跟移向臀部，直到膝关节弯曲至大约90度。

下降运动

- 通过有控制地伸展膝关节回到起始位置。
- 保持头部中立并与训练垫接触。
- 保持手臂放在地上，与躯干垂直，肘部完全伸展。

变式训练和非传统器械训练

屈曲

5.9　哑铃俯撑划船

开始姿势

- 身体处于俯卧撑顶部姿势，肘部完全伸直；两手间距大约与肩同宽，以中立握闭握的方式各自握住哑铃。保持头部、颈部、肩部、脊柱、髋部、大腿、膝盖、小腿和脚踝在一条直线上。
- 保持双脚与髋部或肩部同宽，以在整个运动过程中保持平衡。
- 所有的重复练习都是从这个姿势开始的。

下降运动

- 开始练习时，以俯卧撑的姿势，伸展肩部并弯曲肘部，向地面方向降低身体。
- 保持头部中立，并保持躯干处于紧绷状态。
- 继续降低身体，直至接近地面。

开始姿势

下降运动

上升运动

- 通过弯曲肩部和伸展肘部，将身体推回起始位置。
- 保持头部中立，并以等长收缩方式使躯干保持紧绷状态。
- 到达起始位置后，以等长收缩方式收缩核心肌肉和左肩肌肉，然后收缩右侧肩胛骨，伸展右肩，弯曲右肘，将右手的哑铃向后拉到身体右侧。
- 在哑铃靠近身体后，停顿一下，再将哑铃放回地面。保持头部、躯干和下半身的位置，换左臂重复划船动作（示意照片中未显示），两侧按次序各进行一次划船动作作为一次练习。

上升运动

变式训练和非传统器械训练

5.10　T形杠肩上推举

开始姿势

- 该练习涉及使用Landmine装置，可译为地雷管（架）、炮台架（训练器）或T形杠（杆）等，本书统一译为T形杠。
- 将杠铃杆的一端放入T形杠装置中，或架放在力量架的角落处。
- 在杠铃杆的另一端添加配重杠铃片。选择重量不大于25磅（约11千克）、标准大小的配重杠铃片，使得推动臂可以在整个运动范围内移动。
- 面对T形杠装置或力量架的角落，站在杠铃杆的负重端附近，双脚分开，与肩同宽，膝关节略微弯曲（弯曲程度应比示例照片上显示的大一些）。
- 下蹲，保持躯干挺直，双手用中立握的方式抓住杠铃杆的末端，然后直起身体来抬高杠铃杆，将其放置在推动臂的肩膀前上方。
- 松开不做练习的那只手，并将手臂放在身体的对应侧。
- 重新定位推动臂的手，使肘部处于手腕下方。
- 将身体重新置于运动准备姿势，双脚分开，与髋部同宽，呈平行站姿或分腿姿势，膝关节略微弯曲。
- 所有的重复练习都是从这个姿势开始的。

开始姿势　　　　　　　　　结束姿势（单臂）

上升运动

- 将杠铃杆向前上方推，对准肩膀，肘部完全伸展。
- 保持躯干直立，双腿和双脚不动，以免协助上升运动。

下降运动

- 将杠铃杆降低到起始位置。
- 在完成一组练习后，以相同的速度缓慢弯曲髋关节和膝关节（以保持躯干直立），以有控制的方式蹲下并将杠铃放回地面。
- 换另一侧重复练习。

变式训练和非传统器械训练

5.11 T形杠划船

开始姿势

- 将杠铃杆的一端放入T形杠装置中，或架放在力量架的角落处。在杠铃杆的另一端增加配重杠铃片。选择直径不大于25磅（约11千克）、标准大小的配重杠铃片，使得推动臂可以在整个运动范围内移动。

- 在杠铃杆的负重端放置一个训练凳来提供额外支撑。

- 从下列姿势中选择一种进行练习。

  - 将训练凳与杠铃杆平行放置，站在训练凳旁边，将杠铃杆放在两腿之间。双脚分开，与髋部同宽（或稍窄），脚尖向前，并适度前后交错，内侧脚领先于外侧脚。

  - 将训练凳与杠铃杆平行放置，站在训练凳旁边，杠铃杆放在外侧小腿的外侧。双脚分开，与髋部同宽（或稍窄），脚尖向前，并适度前后交错，内侧脚领先于外侧脚。

  - 将训练凳与杠铃杆垂直放置，距离杠铃杆末端约髋部距离，站在训练凳的旁边。双脚分开与髋部同宽（或稍窄），脚尖向前，并适度前后交错，靠训练凳的内侧脚在外侧脚前面。

开始姿势（杠铃杆与训练凳平行，杆在两腿之间）　　结束姿势（杠铃杆与训练凳平行，杆在两腿之间）

- 以髋部为铰链使身体前倾，注意保持脊柱中立，目光注视下方，保持颈椎处于中立位。
- 将一只手（与稍前的脚同侧）放在训练凳上以获得支撑，并用另一只手（根据动作采用中立握闭握或正握闭握的方式）在配重杠铃片后面或前面抓住杠铃杆，具体位置取决于采用哪种训练凳和身体姿势（参见示例照片）。
- 所有的重复练习都是从这个姿势开始的。

上升运动

- 核心收紧，在开始练习时，将杠铃杆拉向躯干方向。肘部应指向一侧，远离身体，手腕伸直。不要往内弯举杠铃杆。
- 保持身体静止姿势；不要耸肩和摆动身体（如伸展脊柱），不要过度伸展颈部、膝关节或踮起脚尖来帮助向上提起杠铃杆。
- 将肘部向后拉过躯干的中位线（肘部应该比示例照片中的结束姿势向后拉得更远），同时保持核心肌肉收紧和脊柱中立。

开始姿势（杠铃杆与训练凳平行，杆位于腿的外侧）　　结束姿势（杠铃杆与训练凳平行，杆位于腿的外侧）

下降运动

- 有控制地、缓慢地将杠铃杆降低到起始位置。
- 保持躯干静止、脊柱中立和膝关节弯曲的姿势。
- 在下降运动结束时，肘部应完全伸直。
- 用一只手臂完成一组练习后，调整训练凳和脚的位置，用另一只手臂重复练习。

开始姿势（杠铃杆垂直于训练凳）

结束姿势（杠铃杆垂直于训练凳）

5.12　推雪橇

开始姿势

- 站在雪橇后面，采用高位姿势握住雪橇杆（如果需要，可采用其他抓握姿势）。
- 身体前倾，使躯干与地面大约成45度，肩膀、髋部、膝盖和脚踝成一条直线，双手靠近肩膀（如果需要，也可使用其他手臂姿势）。

进行运动

- 保持躯干的前倾角度，调动核心肌肉发力，并开始用双腿交错蹬地来将雪橇向前推进，力量通过整条腿从地面传递到雪橇。
- 确保每一步蹬地都充分伸展髋关节和膝关节，以推动雪橇前进。
- 双腿交替驱动持续向前，直至达到所需的训练时间或距离。

腿部驱动

变式训练和非传统器械训练

5.13 药球下砸

开始姿势

- 双脚分开站立，与髋部同宽，膝关节略微弯曲。双手握住药球，放在腰前（示例照片未显示该阶段）。
- 第一次练习是从这个位置开始的，但随后的练习是一个接一个地连续举起和下砸药球，直到完成一组练习。

初始运动

结束姿势

进行运动

- 开始练习时，迅速将双手举过头顶，然后保持两肘伸直，迅速将药球砸向两脚之间的地面上。
- 在将药球下砸时，髋部迅速下沉以产生更大的力。
- 如果药球反弹起来，可在药球反弹的途中用手接住药球，然后起身将药球移到头顶位置，直到肘部完全伸直。
- 如果药球没有反弹，双手握住药球的两侧捡起药球，起身将药球移到头顶位置，直到肘部完全伸直。
- 立即进行下一次练习，直到完成一组练习。

变式训练和非传统器械训练

NSCA 简介

美国国家体能协会（National Strength and Conditioning Association，NSCA）是在世界体能训练领域内领先的组织。NSCA 广泛利用在体能训练、运动科学、运动表现研究、教育和运动医学等领域的知名专业人士的专业知识和资源，为广大教练员和运动员提供较权威的专业知识和训练指导。NSCA 架起了实验室和训练场之间的关键桥梁。

译者简介

王雄

　　王雄，清华大学运动人体科学硕士，体育教育训练学博士；副研究员，硕士生导师；国家体育总局训练局国家队体能训练中心创建人、负责人；现任国家体育总局训练局体能训练中心主任；国家体育总局备战 2012 年伦敦奥运会身体功能训练团队召集人、中方总协调，备战 2016 年里约奥运会身体功能训练团队体能训练组组长；备战 2020 年东京奥运会体能训练保障营体能负责人；备战 2024 年巴黎奥运会体能专家组成员、召集人；为游泳、田径、举重、乒乓球、羽毛球、体操、跳水、排球、篮球和帆板等二十余支国家队提供过相关体能测评和训练指导服务；清华长三角研究院特聘研究员，国家体育总局教练员学院特聘专家，中国体育科学学会体能训练分会常委，北京市体育科学学会体能分会副主任委员，北京市体育科学学会理事会理事。主编有《儿童身体训练动作手册》（系列书）《青少年身体训练动作手册》（系列书）《功能性训练动作解剖图解》（系列书）《儿童青少年体质健康测试达标教学与训练指南》（系列书）等二十余部图书；译有《精准拉伸：疼痛消除和损伤预防的针对性练习》《体育运动中的功能性训练（第 2 版）》《NSCA-CSCS 美国国家体能协会体能教练认证指南（第 4 版）》《儿童身体素质提升指导与实践（第 2 版）》《青少年力量训练：针对身体素质、健身和运动专项的动作练习和方案设计》《女性健身全书》《50 岁之后的健身管理》《自由风格训练：4 个基本动作优化运动和生活表现》《美国国家体能协会力量训练指南（第 2 版）》《NASM-CES 美国国家运动医学学会纠正性训练指南（修订版）》《执教的语言：动作教学中的科学与艺术》《游泳科学：优化水中运动表现的技术、体能、营养和康复指导》《跑步科学：优化跑者运动表现的技术、体能、营养和康复指导》等二十余本译作；在《体育科学》《中国体育科技》、*Journal of Sports Sciences* 等中外期刊发表文章十余篇；研究方向为身体训练（专业体能和大众健身）、儿童青少年体育、健康促进工程等。